JN436865

일부러 길을 잃다

서숙

일부러 길을 잃다

초판 1쇄 발행 2007년 4월 7일

편　저 | 서　숙
펴낸이 | 윤관백
편　집 | 김지학
표　지 | 김지학
교정·교열 | 김은혜, 이수정
펴낸곳 | 선인
등　록 | 제5-77호(1998. 11. 4)
주　소 | 서울시 마포구 마포동 324-1 곳마루B/D 1층
전　화 | 02)718-6252
팩　스 | 02)718-6253
Home | www.suninbook.com
E-mail | sunin72@chol.com

인　쇄 | 선경그라픽스
제　본 | 한마음

정가 | 9,800원
ISBN 978-89-5933-081-2　03810

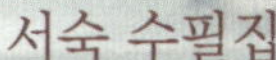

서숙 수필집

일부러 길을 잃다

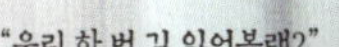

"우리 한 번 길 잃어볼래?"

한 소녀의 제안에 여덟 개의 눈동자가 일순 반짝했다. 그 아이가 능선 쪽을 손가락질 했다. 저 능선너머 한 번도 안 가 본 곳으로 가보자고 했다. 들풀더미를 무슨 영예의 꽃다발쯤으로 가슴에 안고, 그들 다섯 명의 여자아이들은 한 줄로 나란히 낯선 길을 찾아들어갔다.

선인

일부러 길을 잃다

책 머리에

레트로스펙티브

늦되는 사람들이 있다.

좋게 말해서 뒤늦은 각성.

천리를 내다보는 혜안을 얻고 싶었던가. 느지막이 떠난 여행길에 행장도 초라했건만 문학탐색 일정이 그럭저럭 길어졌다. 나를 찾아 떠난 이 여행에서 나는 나를 만나기도 하고 헤어지기도 하고 그러다가 문득 변해버린 내 모습과 맞닥뜨리기도 했다. 물어물어 간신히 여기까지 왔다.

사랑의 맹세가 허망한 것처럼 인생은 천변만화, 심경도 천변만화.

그 길목에서 망설이며 맴돌던 생각의 갈피들이니 당연히 어수선할 수밖에 없다.

일관성이 없는 글들은 그러니까 내 미숙함의 자취다.

그러나 한편 생각해 보면 삶이란 것이 원래 그다지 일관성이 있는 그 무엇은 아니지 않은가.

이래저래 해답을 찾으려다가 의문부호만 잔뜩 늘어놓은 꼴이 되었다.

지난 시절의 꿈을 잊듯이 그 옛날의 물음표는 내 청춘의 편린이 되어 그저 아련할 뿐이다. 그렇다면 지금의 의문부호도 내가 나를 배신하듯이 미래에는 그 의미를 잃고 퇴색할지도 모르겠다.

그러나 의문부호를 붙들고 있는 동안에는 나는 생생하고 젊고 진지하다. 아니, 그럴 작정이다. 그리하여 나는 나의 생에 대해 끝내 진지할 것이다.

이번에 다시 길을 나설 때에는 행장을 좀 더 잘 꾸려야겠다.

깊이 들여다볼 현미경과 멀리 올려다볼 망원경이 필요하다.

심층과 외연을 위하여.

그리고

여전히 나에게 깨달음은

더딘 발걸음으로 오리니.

레트로, 레트로.

《일부러 길을 잃다》를 읽고

정진권

(수필가, 한국체육대학교 명예교수)

1. 이 책의 저자인 서숙(徐淑)은 일찍이 정봉구(鄭鳳九) 선생께 지도를 받고 2001년 《계간수필》을 통해서 등단한 수필가다. 그러니까 등단한 지 그리 오래된 수필가는 아니다. 그런데도 《계간수필》뿐만 아니라 《에세이 문학》, 《에세이21》, 《수필과 비평》 등, 아주 권위 있는 수필 전문지들이 그의 글을 즐겨 싣고 있다. 왜 그럴까? 나는 그 까닭을 미처 생각해 보지 못했다.

나는 정봉구 선생 후임으로 서숙과 만났다. 말하자면 가르치는 사람의 자격으로 그를 만난 것이다. 벌써 6년이다. 그런데 그동안 내가 그에게 무엇을 가르쳤는지 생각나는 게 없다. 하지만 그래도 한 가지 분명한 게 있다. 명색이 가르친다는 내가 배운다는 그의 글에 깊이 매료되어 있다는 사실이다. 왜 이렇게 되었을까? 역시 생각해 보지 못했다.

요 며칠 전 서숙이 그동안에 쓴 수필들을 모아 책을 낸다면서 그 교정지를 내게 보여주었다. 나는 그걸 다시 읽으면서 왜 권위 있는 수필 전문지들이 그의 글을 즐겨 싣는지, 왜 내가 그의 글에 그렇게 매료되었는지 대강은 짐작하게 되었다. 함께 공부하는 인연으로 나는 이제 내 그 '짐작'의 몇 부분을 여기 적어 그의 수필집 《일부러 길을 잃다》 출간을 축하하려고 한다.

2-1. 나는 오랫동안 국어교사로 살아왔다. 그래서 그런지 책을 읽노라면 우선 그 문장에 신경이 쓰인다. 배배 꼬인 문장, 호응이 깨진 문장을 만나면 숨이 콱 막힌다. 그러나 서숙의 문장은 전혀 막힘이 없다. 이 막힘없는 문장은 크게 두 갈래로 나누어 볼 수 있지 않을까 한다. 그 하나는 잔잔히 흐르는 냇물, 다른 하나는 퐁퐁 솟는 샘물, 다음은 각각 그런 문장의 한 예다.

남편은 조상으로부터 물려받은 가산을 허황한 사업을 벌여 일찌감치 탕진했다. 형편 나아질 기미가 보이지 않은 채로 아이들까지 많은 터였다. 그 와중에 친지들이 쌀섬이라도 보내주면 아내는 당연히 그것으로 생계를 꾸려갈 요량을 해야 했는데, 그러기는커녕 남편이 술 찾으면 얼른 식량을 팔아 술을 받아왔다. 키워서 살림밑천 하라고 집안에서 간신히 마련해 준 송아지는 이내 팔아 남편의 여행경비로 바쳤다. -〈여인 二代〉

속삭이듯 잔잔하게 파도 이는 한적한 바닷가 모래톱에서 소년과 소녀가 함께 즐겁습니다. 바위산을 뒤로 하여 자갈이 흔한 해안, 소년은 작고 납작한 돌을 골라 한껏 몸을 낮추고 바다를 향해 돌팔매질을 합니다. 돌멩이는 물 표면을 가볍게 튕기며 수면 위를 날아 여러 번 낮은 포물선을 그립니다.

"일곱 번이나 튕겼네."

"아, 아니야. 여덟 번 튕겼어."

소년은 소녀를 보고 잘못 세었다고 나무라고, 단호한 그의 태도가 마음에 드는지 소녀는 크게 우기지 않습니다. —〈물수제비뜨는 소년〉

앞의 글은 그 문장이 잔잔히 흐른다. 이런 문장을 읽으면 읽는 마음이 차분해진다. 뒤의 글은 그 문장이 생동감으로 넘친다. 이런 문장을 읽으면 읽는 마음이 싱그러워진다. 마음을 싱그럽게 하는 서숙의 이런 문장 중에는 산문시처럼 내재율이 흐르는 것도 있다. 위에 보인 '물수제비뜨는 소년' 도 그렇지만 한 예를 더 보이면 다음과 같다.

천년을 기다려 꽃으로 피어났을 것입니다. 또다시 천년의 세월을 더하여 그 빛깔과 그 모습에 어울리는 향기를 지니게 되었을 것입니다. 한 방울의 물과 한 움큼의 햇빛으로 빚어낸 기적, 날마다 기적입니다. 연하고 연한 순하고 순한 그대 꽃봉오리의 기적을 본받아 나도 나의 기적을 짓습니다. 나도 한 방울의 물과 한 줌의 햇빛으로 연하고 연한 순하고 순한 새 움을 터 신록으로 세상을 맞습니다. —〈신록의 노래〉

내가 서숙의 글에 매료된 것은 우선, 읽으면 차분해지는 이런 문장, 읽으면 싱그러워지는 이런 문장, 소리 내어 읽으면 돌돌 운율이 살아나는 이런 문장 때문이 아닌가 한다. 권위 있는 수필 전문지의 편집자들이 왜 이런 문장을 간과하겠는가?

2-2. 나는 이번에 서숙의 글을 다시 읽으면서 그 착상의 참신함에 한 번 더 놀란 바 있다. 참신하다는 것은 새롭다, 산뜻하다는 뜻이다. 그것은 곧 상식적인, 관습적인, 혹은 타성적인 세계로부터의 벗어남(탈출이라고 해야 할까?)을 의미한다. 그러므로 때로는 기발하게, 때로는 엉뚱하게 비칠 수도 있다. 다음은 내가 이런 생각을 하며 읽은 그의 글의 한 예다.

메뚜기 사냥으로 소란스럽던 한 무리의 사내아이들이 우르르 어딘가로 몰려가버리고 나니 갑자기 오후의 정적이 찾아왔다. 도대체 어른들은 다 어디로 숨어버렸을까. 벼이삭은 누렇게 영그는데 오늘따라 참새들도 어느 곳에서 포식을 하고 오수를 즐기는가, 간간히 서 있는 허수아비들만 무료하게 먼산바라기를 하고 힘없이 흔들리는 깡통소리에 오히려 사위가 적막했다. 짧은 순간 다섯 명의 조숙한 여자아이들은 동시에 궁리하는 눈빛이 되었다.

"우리 한번 길 잃어볼래?"

한 소녀의 제안에 여덟 개의 눈동자가 일순 반짝했다. 그 아이가 능선 쪽을 손가락질했다. 저 능선너머 한 번도 안 가 본 곳으로 가보자고 했다. 들풀더미를 무슨 영예의 꽃다발쯤으로 가슴에 안고, 그들 다섯 명의 여자아이들은 한 줄로 나란히 낯선 길을 찾아 들어갔다. —〈일부러 길을 잃다〉

우리 한번 길 잃어볼래? 나는 일찍이 이처럼 산뜻한(기발한, 엉뚱한) 한 마디를 들어본 일이 없다. 그러나 내가 이 글을 여기 인용한 것은 그런 것을 말하려는 것이 아니고 '능선너머 한 번도 안 가 본 곳', '낯선 길을 찾아' 들어가는 한 소녀(여자아이들은 다섯이지만 서숙 한 소녀로 단일화해서 이해할 일)의 모습을 그려보자는 것이다. 서숙은 이 글의 끝 부분에서 "소녀는 신작로가 그다지 마음에 들지는 않았지만, 그렇다고 그 길에서 딱히 벗어나고 싶지도 않았다. 쉽고 편한 길을 그냥 걸었다."고 했다. 그러니까 길 잃어보기는 다 접은 셈이다. 그러나 이것은 한 여인으로서의 인생을 말한 것이지 수필가로서의 서숙을 말한 것은 아닐 것이다.

수필가로서의 그는 지금도 끊임없이 능선너머 한 번도 안 가본 곳, 낯선 길을 찾아 들어가고 있다. 상식적인, 관습적인, 타성적인 수필작법으로부터의 끊임없는 탈출을 시도하고 있다. 착상의 참신함은 우연의(또는 재능만의) 소산이 아니고 이런 그칠 줄 모르는 시도의 결과라고 나는 믿는다(이 문제에 관해서는 다음 2-4에서 좀 더 부연하겠다).

착상의 참신함, 내가 서숙의 글에 빠져든 또 하나의 이유는 바로 이것이 아닌가 한다. 아니, 나만이 아니고 서숙의 글을 읽는 사람은 누구든지 다 그럴 것 같다. 그렇다면 자기 잡지의 독자들이 즐겨 읽는 이런 글에 무심할 편집자가 어디 있겠는가?

2-3. 산뜻한 발견('참신한 착상'과 다소 겹치지만)과 진지한 사색, 나는 서숙의 교정지를 읽으면서 이런 말을 여러 번 떠올렸다. 서숙의 글에는 사소하거나 별 특별치도 않은 사실을 소재로 삼아 쓴 것도 적지 않다.

그러나 나는 이런 글을 읽으면서도 뜨거운 수궁을 보내곤 했다. 다음은 각각 그 한 예이다.

노마드(Nomade ; 유목민)는 작금의 디지털시대를 이해하는 코드 중의 하나다. (중략) 휴대폰 하나씩을 손에 들고, 목에 걸고 이 도시를 헤매는 우리의 젊은이들도 나름으로 유목민화하고 있는 셈이다.

우리 집에도 이미 여간한 경우가 아니면 딸을 찾는 전화가 걸려오지 않는다. 집이 가족을 의미한다고 한다면 가족해체의 상징으로 휴대전화는 두드러진다. 요컨대 사람만 있고 장소는 없는 것이다. 정착은 더 이상 안정을 의미하지 않고 단지 지루할 뿐이다. 그들은 하염없이 떠돌며 개인으로서 살아가기를 꿈꾼다. 어쩌면 수천 년 동안의 농경정착시대를 바야흐로 마감하고 이제 그들은 말 달리며 벌판을 질주하던 애초의 수렵채집인의 후예로 되돌아가는 시발점에 있는지도 모르겠다. 화살 대신 휴대폰을 높이 치켜들고. —〈휴대폰 이야기〉

테세우스를 미궁으로부터 구해준 아리아드네 공주는 배신을 당한다. 그러나 실연의 눈물이 채 마르기도 전에 디오니소스와 사랑에 빠진다. 외모도 아름답고 공주라는 신분도 있었기에 다시 사랑을 찾을 여지가 있는 것이다. 그러면 옛 사랑은 헌 신짝만큼의 미련도 없다. 이렇듯 대개의 신화나 설화 속의 배신에는 그 돌파구가 있다. 그러나 한국의 평범한 여인들에게 남편의 배신은 치명적이다. 그런데도 아니 그렇기 때문에 그들의 남편에 대한 집착은 강할 수밖에 없을 것이다.

-〈눈물이 속(俗)된 줄 모를 양이면〉

앞의 글은 휴대폰을 소재로 한 글이다. 나는 휴대폰에 관해서 특별히 생각해 본 것이 없다. 편리한 통화수단, 그저 이렇게만 알아왔다. 그런데 서숙은 이 사소한 소재에서 우리 젊은이들의 변모, 화살 대신 휴대폰을 높이 치켜들고 벌판을 질주하는 새 수렵채집인 모습으로의 그들의 변모를 발견해 낸다.

뒤의 글은 어느 남편의 그 아내에 대한 배신을 소재로 한 글이다. 나도 그런 배신의 경우를 더러 보았지만, 그저 있을 수 있는 일, 이렇게만 생각해 왔다. 그런데 서숙은 이 별 특별치도 않은 소재에서 한국의 평범한 여인들의 남편에 대한 집착이 강할 수밖에 없는 까닭(돌파구가 없다는 것)을 발견해 낸다.

그의 어느 글을 읽어보아도 그 발견이 산뜻하다. 그렇다면 그것은 어디서 오는 걸까? 깊은 사색일 것이다. 깊은 사색을 배음으로 하는 이런 산뜻한 발견은 여간 매력적이지 않다. 나만이 아니고 수필 전문지 편집자들에게도 다 그럴 것이다.

2-4. 서숙의 글들을 읽으면서 내가 꼭 이 글에 써넣어야겠다고 생각한 것이 또 하나 있다. 바로 그의 실험이다. 편안한 데 안주하지 않는 그의 실험, 이 문제는 앞의 2-2에서 잠시 비슷하게 말한 바 있지만 좀더 부연해 보기로 한다.

A. 나는 이제 외딴섬에서 홀로 죽어가고, 나를 아는 이는 아무도 나를 찾지 못할 것이니 그들이 나 때문에 번거로운 일은 없을 것입니다. 나의 시신을 수습해 줄 이 섬의 누군가를 위하여 내가 가진 시계와 얼마간의 현금을 내 옆에 둡니다. –〈姑母는 섬처럼〉

B. 눈물을 버리고 우울을 앓다가 오랜 잠에서 깨어나듯 음울함을 걷어내고 가까스로 찾은 명랑에는, 세상을 포용하지 못하는 속 좁음과 회피와 외면의 담장을 힘겹게 걷어내고자 한 내면의 오디세이가 있다. 그 여정에서 그의 자아가 그래도 조금씩 성숙해지지 않았을까.

–〈안으로 고이는 눈물〉

C. 당신은 아름답습니다. 사랑에 눈멀어 그대가 아름답게 보이는 게 아니라 당신이 아름답기 때문에 아름다워 보이는 것입니다. 그런데요. 나는 당신이 아름다워서 당신을 사랑하는 것은 아닙니다. 그저 당신이니까 당신을 사랑합니다. –〈신록의 노래〉

A는 1인칭시점이다. 그러나 글 속의 '나'는 서숙이 아니라 그의 고모다. 즉 서숙이 그의 고모가 되어 이 글을 쓴 것이다. 고모의 삶(죽음)이 마치 그녀(고모 자신)가 진술하는 것처럼 애절하게 드러난다. 3인칭으로는 이렇게 쓰기 어려울 것이다.

B는 3인칭시점이다. 그러나 글 속의 '그'는 바로 서숙이다. 글 전체를

읽어보면 서숙의 모습이 환히 떠오른다(본인도 인정한 바 있다). 1인칭으로는 자신을 객관화하기 어려워서 이렇게 썼을 것이다. 앞의 글 A와 함께 시점의 새로운 실험이다.

C는 서숙의 사랑론(論)이다. 서숙은 그의 이 사랑론을 의인화된 잎(신록, '나')을 통하여 역시 의인화된 꽃('당신')에게 전하는 형식으로 펼친다. 서숙이 직접 나선다면 이렇게 절절한 사랑은 말하기 어려울 것이다(우리 수필 독자들은 글 속의 '나'를 그 필자와 동일시하는 경향이 있다). 고백적인 문체도 퍽 참신하다.

이 밖에도 그의 실험은 여러 모습으로 드러난다. 실험은 대단히 중요한 것이다. 그러나 쉬운 것은 아니다. 새로운 것을 만들어보겠다는 치열한 정신이 없으면 흉내도 낼 수 없는 것이 곧 실험이다. 실험을 단순히 호사(好事)로 알면 안 된다. 나는 서숙의 이런 실험이 미덥다. 권위 있는 수필 전문지 편집자들도 당연히 이 점에 주목할 것이다.

3. 나는 이 글을 쓰면서 서숙이 적절하게 구사한 대조법, 가령 남편과 나《그는 비우고, 그녀는 채우고》, 황진이와 매창《바람 한 자락에도 우수수 낙엽은 비처럼 쏟아지고》, 수정엄마와 수정《하와유? 컴퓨터》, 이런 대조에 관해서도 말하고 싶었다. 이들은 위에 말한 '산뜻한 발견'의 좋은 예다. 나는 또 이 책이 저장하고 있는 많은 양의 지적 자산에 관해서도 말하고 싶었다. 이것은 위에 말한 '진지한 사색'의 밑거름이 되었을 것이다. 그러나 글이 너무 길어져서 더 말하기가 어렵다.

이제 이 글을 마치기로 한다. 예민한 독자는 내가 미처 말하지 못한 것도 찾아가며 이 책을 읽을 것이다. 그런 그들의 글 읽기는 늘 즐거울 것이다. 서숙은 여전히 능선 너머 한 번도 안 가 본 곳, 낯선 길을 찾아 들어갈 것이다. 그런 서숙의 실험은 우리 수필문학의 창조적 지평을 확장하는 데 크게 기여하리라고 믿는다.

서숙의 건필과 독자 여러분의 행복을 빌며.

Contents ..

그는 비우고, 그녀는 채우고

바람 한 자락에도 우수수 낙엽은 비처럼 쏟아지고

Contents

빈 방에 창문 하나

밑줄 긋기

Contents

일부러 길을 잃다

그는 비우고,
그녀는 채우고

#1

001

2003년 7월 4일 오전 9시

■ 오전 9시, 주부로서의 아침 근무를 대충 마쳤다. 오늘도 이 시간 홀로 텔레비전 앞에서 호젓할 수 있으니 얼마나 다행인가. 즐겨보는 인기작가 원작의 일일극이 시작된다. 극 속에는 집요한 성취욕으로 그악스러운 중년여자와 그녀의 우유부단한 아들 그리고 그 아들에게 버림받은 후 그의 아이를 혼자 낳아 키우는 전직 여교사가 나온다. 아들의 어머니는 돈 많은 며느리를 얻기 위해, 사랑하는 두 남녀를 매정하게 갈라놓았다.

그런데 며느리가 아이를 못 가지자 이번에는 미혼모가 되어 마음고생 몸 고생하는 사람에게서 생명처럼 소중한 자식을 빼앗아 올 궁리에 여념이 없다. 의사 아들에 돈, 이번에는 핏줄에 대한 집착이 그녀의 마음속에서 치열하다. 한 여인이 탐욕의 대상을 바꿔감에 따라 주변의 여러 사람이 차례로 불행을 겪는다. 그녀는 자신의 욕심을 위해서라면 다른 사람이야 나락으로 떨어지건 말건 아무 상관이 없다.

내가 좋아하는 어느 여배우가 분한 미혼모의 입장이 되어, 나는 분개하고 개탄하며 한숨짓는다. 드라마를 보는 나는 참으로 모순덩어리다. 아들이 없어 저 여자 같은 속물 시어머니가 될 가능성이 원천차단된 것이 다행이다. 반면에 내 딸이 드라마 속의 미혼모처럼 사랑에 목숨 거는 순정파가 아니고 적당히 현실적일 거라는 추측으로 안심한다. 이런 이율배반 속에서 순수와 속물사이를 시계추처럼 오간다. 순수한 가치를 찾아 그를 추구하지도 못하고 현실적 성취감에 몰입하지도 못하는 사람들, 이런 사람들을 위해 텔레비전이 있다.

드라마는 귀로 들으며 눈길은 신문으로 향한다. 여기저기 기사들의 공통점과 맥을 찾아본다. 뭐든지 유형화하는 것이 나의 취미인바, 이것은 모으고 정리하는 수집벽의 후유증쯤 되는 듯싶다.

'아, 오늘의 주제는 소통과 대화로구나.'

이만하면 성공적인 신문 탐색이다. 박스기획기사와 문화면에 실린 인터뷰와 칼럼의 내용들이 한 줄에 꿰어진다. 연속극의 주인공들은 서로서로 품고 있는 진실이 다르고 말이 통하지 않아서 답답하고 괴로운데, 신문은 한가하고 쉽게 소통과 대화를 말하는구나 하고 나는 잠시 리얼리티를 결여한다. 드라마는 과연 현실과 많이 다른가?

이 여름을 위한 기획기사의 타이틀이 상큼하다. 이름하여 "여름 아침, 입에 문 얼음 한 조각". 선조의 고전을 더듬어 오늘에 되살리는 작업의 저자는 젊은 국문학자이다. 일전에 서점에서 비슷한것은 가짜다라는 그의 도발적인 책 제목이 맘에 들어서 무작정 샀는데 내용은 연암(燕巖) 박지원(朴趾源)의 문장에 대한 주해서다. 오늘의 인용은 형암(炯庵) 이덕무(李德懋)의 글이다. 마침 이덕무는 박지원과도 절친했던 사람이다. 제 귀는 꽉 막고 입만 벌려 떠드는 사람과는 논쟁할 필요가 없다는 내용의 본문은 "망령된 사람과 논쟁하는 것은 얼음물 한 사발을 들이켬만 못하다.(與妄人辨, 不如氷水一碗)"이다. 말로 남의 생각을 바꾸고 설득하는 것에 대한 어려움, 아니 불가능함을 이야기하는데 그것은 즉 열린 마음이라야 논쟁이나 대화가 가능하다는 뜻일 것이다.

문화면에는 '같은 길, 다른 길' 이라는 타이틀의 연재물이 지면을 차지하고 있다. 자기 분야에서 일가를 이루는 부부간이나 부모 자식 간 혹은 형제자매들에 대한 인터뷰 기사이다. 오늘의 주인공은 유명한 록커와 그 아들이다. 록음악의 대부로 일컬어지는 그에게서 외길인생의 자부심과 더불어 동시대인에게 대해 느끼는 소외감과 외로움이 짙게 묻어난다. 뉴프론티어라든가 아방가르드라는 단어에는 어쩔 수 없는 슬픔이 깃들여 있다. 한평생 살아내기 힘들었겠구나 하는 연민의 정이 들기 때문이다. 반 발자국만 앞서면 시대를 풍미하는 선구자가 될 수도 있으련만, 두 세 발자국을 앞서는 바람에 세상에 이해 받지 못하고 스러져야 했던 많은 천재들이 있다. 그에 비하면 뮤지션으로서의 그의 삶은 그런대로 화려하다. 다행이다, 그를 위해. 그리고 나를 위해서도 다행이다. 그가 사이비가 아니라고 나는 믿으니까. 아류가 아니니까. 그러면서 세상에서 나름의 자기자리를 지키고 있으니까.

"내가 자랄 때는 전쟁과 배고픔과 슬픔이 뒤범벅돼있었다. 내가 갖지 못했던 것을 너희는 갖고 있어. 그러나 기성세대가 쌓아 놓은 것을 하루아침에 내다 버리진 마라. 그 축적을 올라타고 자기 세계를 개척해. 같은 길이지만 다르게 걸어가야지. 다만 우리가 당면한 '전쟁'은 똑같다는 것을 잊지 마. 크게 싸우나 작게 싸우나 ⋯."

같은 길을 가지만 자기보다 훨씬 주목받기 어려운 상황에 놓인 아들에게 그는 찬찬히 타이른다. 그들 부자의 모습이 의연하다. 나는 안도한다.

시론에는 어느 출판사 대표의 글이 실렸다. 공시적이며 통시적이라는 말을 많이 쓰지만, 그 표현을 그를 위해 쓰고 싶다. 이 시대를 아주 명쾌하게 진단하고 있다. 그는 소통에 대해 이야기한다. "우리는 수십 년 동안 한편으로는 지배의 법칙에 따른 지배와 순종의 노하우를, 또 한편으로는 대항의 법칙에 따른 투쟁과 비판의 노하우를 쌓아왔지만 시대의 흐름은 새로운 방법론의 모색을 요구하고 있다."고 말하면서 그 새로운 방법에 대한 구체적 대안도 제시한다.

"대화와 토론이 중요하며 지적과 비난보다는 설득과 칭찬이 힘을 발휘한다. 타자에 대한 새로운 이해와 통찰, 자신에 대한 새로운 성찰과 사유가 전제되어야 소통은 가능하다. 그것은 나와 상대가 무엇을 원하는지에 대한 통찰로 출발해야 한다. 독설과 비난이 아닌 예리한 비평이 매력과 힘을 갖듯, 칭찬 역시 나와 상대에 대한 세심한 관찰에서 나오는 긍정적 표현이어야 힘을 갖는다. 어설픈 칭찬과 아부는 나이와 직분을 막론하고 오만과 복종을 낳을 수 있지만 마음을 움직이는 놀라운 칭찬은 동반과 우정의 힘을 싹트게 한다." 열린 소통의 시대에 대화와 논쟁은 명분과 비전을 설계하는 사유의 성장을 위해서도 필요한 일이라고 글을 마무리하고 있다.

이제 나도 누가 부탁도 안 하는데 혼자 세상 걱정 다하는 즐거운 나만의 시간을 이쯤에서 접고, 직접 세상과의 소통을 시도해야겠다. 신문스크랩을 정리하고 텔레비전을 끈다. 문밖, 세상 속에는 생활만이 아니라 꿈도 있고 환상도 있다. 생활은 없고 꿈만 있으면 공허하고, 생활만 있고 꿈이 없으면 삭막하다. 나로 말하면 지극히 현실적인 생활인의 바탕 위에 운치와 멋을 당의정처럼 살짝 입히고 세상을 향해 미소 짓고 싶다. 만나는 대상에 따라 나의 관심사는 제법 다양하다. 친구를 만나 규모 있는 살림살이의 아이디어를 교환할까, 여사를 만나 그림전시회를 가나, 아니면 여행을 즐기는 그를 만나 주유천하의 후일담을 들을까.

002

그는 비우고, 그녀는 채우고

■ 어떤 영화가 좋은 영화인가에 대하여 두 사람의 생각은 전혀 다르다. 나는 말한다. "좋은 영화란 모름지기 우리로 하여금 회색 뇌세포를 움직여 생각에 잠기게 하는 것이야." 그는 말한다. "무슨 소리야. 골치 아픈 영화는 질색이야. 살아가는 매일매일이 골치 아픈 일 투성이인데 영화까지 그런 걸 본단 말이야? 좋은 영화란 그런 게 아냐. 영화를 볼 때면 정신없이 몰두해서 볼 수 있게 재미있어야 하지만, 극장 문을 나서는 순간 무슨 영화를 봤는지 조차도 생각나지 않는 영화가 진짜 좋은 영화지."

영화 한 편에 대한 견해가 다른 것처럼, 두 사람이 추구하는 삶의 태도 또한 판이하다. 그의 입장에서 보면 나는 쓸데없는 것으로 머릿속을 채우느라고 바쁜, 공연스레 복잡한 여자다. 언제나 이것저것 알고 싶은 게 많아서 개론의 홍수 속을 헤매고 다닌다. 사소한 것마다 일일이 의미부여하고 부연설명하며 분석하고 따진다. 그러면서 보태고 채우려고 애쓴다.

반면에 그는 대체로 잊고 털어 내며 살아가는 편이다. 단순 명쾌하게 자신의 관심사를 고정시켜 놓고, 그 틀 안에서 흔들림이 없다. 서민으로 태어났으니 서민으로 살다가 서민으로 죽고 싶다는 그의 소망처럼, 물심양면으로 그지없이 투명 담백하고 소박한 사람이다. 말수가 적고 표현력이 부족한 그를 놀리느라고 "그렇게 평생을 몇 개 안 되는 어휘만 사용하고 살면서 갑갑하거나 아쉬운 점이 없습니까?" 하고 내가 마이크를 들이대는 시늉으로 인터뷰를 청했더니, "전혀 불편하지 않음."하고 예의 한정된 어휘로 전보문같이 응답한다.

그래도 특유의 유머감각으로 가끔은 재미있는 조어실력을 발휘하기도 한다. 어느 날 갑자기 내 머리카락에 흰머리가 늘기 시작할 때였다. 그는 일찌감치 잿빛이 되어버린 자기의 머리가 세기 시작했을 때보다 더욱 심란해했다. 아마도 흐르는 세월이 거듭 새삼스러웠나보다. "어, 여기 흰머리 또 보인다."하며 뽑으려고 덤볐다. "아니, 안 돼. 지금 흰머리가 문제가 아냐. 흰머리거나 검은머리거나 간에 숱이 줄어드는 게 더 큰일이니까 뽑지 마시오." "어이구. 그러니까 등소평의 흑묘백묘(黑猫白猫)가 아니라 서숙의 흑모백모(黑毛白毛)란 말이지."

영화 러브레터를 같이 보러 가자고 했더니, "아니 왜 하필이면 일본영화냐."고 마땅치 않아 했지만 보고 와서는, 내가 영화 속 여주인공을 흉내 내어 "오겡끼데스까?"하고 집 이쪽 끝에서 손나팔을 만들어 외치면, 집 저쪽 끝에서 그가 무뚝뚝하게 화답하곤 했다. "안 겡끼데스."

아무튼 그에게 내가 붙여 준 타이틀은 '행복의 조건을 갖춘 사람' 이다. 그는 별다른 갈등구조가 없는 사람이다. 저 길로 갔으면 했는데 결국 이 길로 오고 말았다든가, 진짜 자기가 원한 것은 저것이었는데 운명이나 환경 탓에 이리 되고 말았다는 큰 회한이나 미련은 별로 없는 듯싶다. 남에게 지기 싫은 경쟁심에서가 아니라 그저 공부밖에는 할 줄 아는 게 없어서 계속하다 보니까, 그것이 별 무리 없이 생계유지의 방편으로 이어졌다. 거기다 더불어 나름의 사회적 지위도 따라온 셈이 되었다. 좋아하는 일만 하면서도 그런대로 만족하며 살 수 있으니 그만하면 행복의 조건을 갖추었다고 여겨진다. 그런데 '행복하다'는 어감이 주는 낯설음 때문인지, 정작 그는 이 타이틀을 그다지 달가워하지 않는다.

영국 작가 그래함 그린의 소설 사건의 핵심(The heart of the matter)에 나오는 주인공들은, 우리 부부의 모습과 유사한 점이 있다. 남편 스코비는 살아가면서 지니고 있는 물건들을 되도록 하나씩 줄여가려고 애쓰는 사람이다. 아내 루이즈는 집안을 책과 장식품 등 여러 가지 물건들로 가득 가득 채워가며 산다. 나는 루이스처럼 채우고, 그는 스코비처럼 비운다.

이제마가 분류한 사상의학에서의 여러 유형 중에 매우 저축성이 강한 부류가 있다. 이들은 체질적으로 저축을 좋아해서 몸에 여분의 살을 비축하고 사는데, 그 뿐만이 아니라 성격이나 생활 습관도 쌓아두고 모으기를 좋아한다고 한다. 내가 아마 그런 유형의 사람인가보다. "검소한 생활 속의 고원한 사색."이라든가 "말은 간결함을 으뜸으로 친다."라는 경구를 무척 마음에 들어하는 한편, 나는 어쩌면 그렇게 아무 것도 버리지 못하고 관념적으로나 현실에서나 이 많은 것을 끌어안고 사는지 모르겠다.

"살아간다는 것의 의미가 무엇일까, 인간의 가치는 어디에 있을까." 나는 이런 우문을 사랑한다. "왜 살기는? 그냥 목숨이 붙어 있으니까 사는 거지." 그의 현답은 간결명료하다.

“이렇듯 여러 면에서 서로 동떨어진 생각을 하면서도 부부라는 이름으로 몇 십년을 같이 살기도 하는 거야.” 의견이 어긋날 때 내가 하는 말이다. “그래, 맞아.” 그가 흔쾌히 동의한다. 결국 이 시점에서 우리의 의견은 전적으로 일치한다.

나는 복잡하고, 그는 단순하다. 그가 하얀 캔버스라면, 나는 그곳에 내 마음대로 색칠 범벅을 하는 사람이다. 나는 쌓고, 그는 그것을 묵묵히 견딘다. 그가 마련해 놓은 공간 속에서 내가 울타리 안의 자유를 즐긴다. 비울수록 넉넉해지고 채울수록 빠듯해지는지, 그는 늘상 나보다 좀 더 여유가 있는 모습이다.

혹시 모를 일이다. 비워야 만이 채울 수 있는 것이기에, 그가 비워놓은 곳을 내가 채운다는 것으로 어쩌면 우리 부부가 어느 날 허허실실의 지극한 경지에 다다를 수 있을지도. 석숙

25년 그리고 50년

■ 금년에 친정 부모님은 금혼식을 그리고 우리 부부는 은혼식을 맞게 된다. 아마도 부모님이 결혼 25주년에 나를 여의었나본데, 그때는 나 시집가는 것만 염두에 있었는지 부모님의 기념일을 어떻게 치렀는지 기억에 없다. 어쨌든 시간은 흘러 결혼 50주년이니 25주년이니 하게 되었으니, 부모님이나 우리 내외나 쌓인 세월만큼의 동고동락, 그만큼의 추억거리 속에 부부라는 이름으로 엮여서 여기까지 왔다.

부모님은 6 · 25 동란 와중에 만나셨다. 아버지는 너무나 가난한 집에서 태어나 늘 배를 곯고 살아야 했는데, 군대에 가면

흰쌀밥을 배불리 먹을 수 있다는 풍문에 끌려 자원입대를 했다. 자신의 현실에 대해 지나치게 비관적이었던지 아니면 조숙한 문학청년의 취향 때문이었던지 아버지는 무척 염세적이었다. 전쟁터에서 그런 성향은 도리어 어디에서나 몸을 사리지 않는, 아주 용감한 군인의 면모로 나타나 실전에서 무용담을 쌓아 가며 뜻밖의 전과를 빛내고 있었다.

어머니는 그 당시 함경도 성진의 명문 여고 졸업반이었다. 공부를 썩 잘해서 전쟁이 아니었더라면 특별전형으로 합격이 예정된 김일성 대학에 진학할 터였다. 소지주 계급인 할아버지와 외삼촌들은 소위 그들이 말하는 성분이 안 좋았다. 그렇더라도 국군의 이북 땅 재탈환을 의심했더라면, 1·4후퇴의 피난길에 나서지는 않았을 것이다. 잠시 며칠만 몸을 피하면 된다는 국군의 말만 철석같이 믿고 친구들과 함께 간호여군의 신분으로 국군에 합류하여 이남으로 향했다.

그 부대의 대원이었던 아버지와는 그렇게 인연이 닿아 있었다. 강원도 대관령 산골짜기 벽촌에서 학교보다 서당에 더 친숙하였던 아버지 눈에 개방적인 소도시의 세련된 신식여성은 단번에 선망의 대상이 되었다. 여태껏 세상살이에 별 애착이 없던 아버지였는데 어머니를 보고 나서 생각이 바뀌었다. 저렇게 구김

살 없고 해맑은 여성이 사는 곳이라면, 이 세상도 한번 살아 봄직 하지 않겠는가. 난생 처음으로 삶의 의욕을 느꼈다. 철없던 어린 여자에게 순정으로 다가오는 잘 생긴 젊은 청년은 별 저항 없이 받아들여졌던 듯하다. 조촐하게 결혼식을 올리고 아들도 낳고 딸도 낳았다.

아버지는 젊은 시절 비교적 훤한 외모로 여성들이 많이 따랐는데, 그중엔 꽤 심각한 사태도 있었다. 죽어도 같이 살고 싶다는 한 여대생 때문에 결혼이 위기를 맞았다. 아버지만 자기에게 양보해 준다면 아이들도 정말 잘 키우겠다고 어머니에게 사정하며 매달렸다. 어머니는 마침 결혼생활에 염증도 나고, 다시 처녀 시절로 돌아가고 싶다는 마음의 동요도 있었다. 그래서 핑계 김에 홀가분해지고 싶은 여자와 사랑에 눈 먼 여자가 의기투합하여 아버지의 의중을 물으려고 직장으로 찾아갔다.

그때 이들 앞에서 어머니에 대한 아버지의 태도는 단호했다.

“나는 이 여자를 버릴 수 없다. 이 여자는 내 목숨과 맞바꾼 사람이다. 내가 살면서 이 여자를 미워할 수는 있어도, 이 여자를 버릴 수는 없다. 미워하더라도 옆에 두고 미워할 것이다.”

어떤 비장미가 느껴지긴 하지만, 다소 신파조인 이 대사는 어머니를 몹시 감동시켰던 듯하다. 출세를 위해 옛 애인이나 아내를 버리고 변심하는 멜로드라마를 종종 보게 되는데, 그때마다 어머니는 그 시절의 에피소드를 되새긴다. 천애고아의 신세였던 어머니에 비해 상대 여성은 상당한 재력가의 맏딸이었으며, 더군다나 그 집안에는 아들이 없었다. 조금이라도 아버지의 야심이 기승하였던들 어머니를 손쉽게 외면했을 거라는 얘기였다.

그리하여 부모님이 그런대로 자리 잡고 살던 서울 변두리 동네에서 한 이웃을 사귀게 되었는데, 그 가족도 실향민의 고단한 신세였다. 두 집의 안 주인들은 고향을 등진 사람들의 애환을 공감대로 절친한 사이가 되었다. 그 집의 맏아들과 우리 집의 맏딸이 이십여 년 후 결혼을 하였는데, 그들이 우리 부부다.

그러니까 결혼 한 지는 이십 몇 년 남짓이지만, 나의 남편과 내가 알고 지낸 지는 약 사십년 되는 듯싶다. 남편은 여덟 살 소녀 베아트리체를 베키오 다리에서 일별한 후 평생 연모의 정을 간직했다는 단테 부럽지 않게 순애보의 주인공다운 소질이 농후한 사람이다. 두 집 어머니들의 왕래가 시작된 지는 오래되었어도 그가 나를 처음 본 것은 몇 년 후였는데 당시 그는 이미 중학생, 나는 초등학교 신입생이었다. '참 귀여운 여자애로구나.' 하고 관심을 가진 이후로 그는 내 부탁은 무조건 잘 들어주는 착한 이웃 오빠였다. 그는 지금도 내가 기억하지 못하는 나의 어린 시절을 나보다, 아니 이 세상 누구보다도 더 상세히 기억하고 있는 사람이다. 어떤 눈매였는지, 옷차림이 어땠는지, 말투나 버릇 같은 것들 ….

그의 감정이 오누이 같은 것이 아니라는 것을 어렴풋이 감지할 나이가 되었을 무렵이 되자 나로서는 그것이 무척 버거웠다. 사춘기 소녀의 결벽증 때문이었던 것 같다. 그는 늘 조용하고 끈기 있게 나를 자기의 시야 안에 두었다. 언제부터인가 우리 사이는 일방적이고 한결같은 그의 관심과 애정에 내가 수동적으로나마 응하였지만, 툭하면 변덕도 심술도 부리고하며 이렇게 저렇게 그의 속을 무던히도 썩이는 식으로 이어졌다. 그런 와중에도 그의 순정이 감동적이기는 하였으니, 도대체가 정나미가 떨어지는 짓만 하는 나로부터 그는 왜 마음을 접지 못하는지 신기해하는 가운데, 십년이 넘도록 변함없는 한 인간의 진솔한 정성에 차차 나의 마음이 기울어갈 수밖에 없었다.

여자들은 이렇듯 약은 것 같아도 어리석다. 모쪼록 자신의 인생목표나 자기감정에 충실하여야 할 터인데, 나의 어머니처럼 달콤한 맹세 한마디에 전 생애를 걸기도 하고 나처럼 상대방 마음 하나 바라보고 결혼을 하기도 하니 말이다. 어쩌면 이러한 여자들의 여린 마음이랄지 정신적 허영심이랄지 때문에 소위 결혼

제도란 것이 이날까지 유지되어 오는지도 모른다. 아무튼 부모님이나 우리 부부는 지금까지 무난히 살아왔고 또 앞으로도 살던 대로 살아갈 것인데, 그것을 당연하게 생각하고 있는 나를 보더라도 유구하게 지탱되어 온 가족제도인 결혼이란 것이 크게 인간본성에 어긋나는 것은 아닌가 보다.

그렇기는 해도 이쯤 살았으면서도 나는 결혼이란 것이 도대체 뭔지, 이것이 과연 인간적인 제도인지는 잘 모르겠다. 전혀 남남이었던 남녀가 만나 검은머리 파뿌리 되도록 일생을 해로한다는 것의 의미와 진정성은 무엇일까. 물론 결혼은 선택이자 약속이니 이에 책임감이 따른다는 것은 당연한 이치다. 그렇지만 책임을 지는 데 평생이 바쳐지는 것이 결혼이라면 가혹하지 않을까. 책임감이나 의무감 또는 자식이나 집안을 위한다는 명분 그런 것 말고 뭐 좀 보다 절박하게, 하필이면 다른 사람 아닌 바로 저 사람과 내가 같이 살아가야 하는 이유가 있어야 할 것 같다.

하늘이 맺어 준 것을 인간이 깨지 못하리라고 한다. 한편 전생 팔천 생의 인연으로 이승에서 부부로 만난다고도 하며, 부모자식간의 인연은 전생 일만 생의 인연의 소산이라고 한다. 이 교묘한 숫자 조작은 부부 인연보다 부모 자식 간 인연을 더 강조함으로써 결혼에 있어서 자식을 슬하에 두고 한 가정을 이룬다는 것은 인간사에서 무엇보다 소중한 것임을 강조하기 위한 것일 것이다. 이러한 맥락에서 우리는 우리들의 이 소중한 일회적 삶을 사회적 관습에 순치(馴致)시킨다. 다소 억울한 생각이 드는 건 이 부분이다. 사랑이라는 이름으로 결혼을 했는데, 이미 감정이 시들해져 버린 후에도 이 제도라고 할지 관습 속에 그저 안주해야 하는 당위가 과연 무엇일까.

물론 모든 결혼이 애정을 바탕으로 이루어지는 것은 아니다. 결혼에 이르는 제반 과정은 다른 어떤 거래보다도 더 타산적일 수가 있다. 모든 결혼은 다 정략결혼이라는 말도 있다. 일시적으로 찾아드는 연애감정이란 그저 결혼에 이르는 하나의 촉매제 구실에 머무는 것인지도 모른다. 살다보면 뜨거운 열정의 자리에 우정과 연민과 체념이 자리하고 서로 익숙한 것에 길들여진다. 너와 내가 만나 우리가 되었다가 인간은 다시 자기 자신으로 돌아간다. 잠시의 일체감 후에 다시 오래 외롭다. 그러면서도 그럭저럭 일상은 메워진다.

외견상은 누구보다도 엉거주춤하게 현실에 안주하면서 속으로는 내가 이렇게 끈질기게 따지고 드는 데는 따로 이유가 있다. 마음 깊이 '무슨 잘못을 저질러도 그는 나를 무조건 용서해 줄 것이다.' 라거나 '그는 나를 위해서 존재하는 사람이다.' 같은 불가능한 것을 바라고 있기 때문이다. 내가 이런 착각을 하도록 만든 것은 바로 나의 남편이다. 너무나 오랫동안 그로부터 받기만 하는 일방적인 관계가 계속되어왔다. 그러니까 아직도 나는 그에게서 너무 많은 사랑을 기대하고 있나보다. 우정 어린 동반자가 되어 따스한 부부애로 각박한 세상의 방패막이가 되어 준다는 정도로는 성에 차지 않는다. 그러한 나의 집요한 욕심과는 달리, 아직도 그는 진실하고 착실하긴 해도, 이미 가장 향기로운 꽃 한 송이는 져버리고 말았다는 상실감은 피할 도리가 없다. 이 엄연한 현실 자각 속에서 나의 마음이 못내 애석하고 허전하다. 과연 시간의 덫 속에서 바래어져가지 않는 것은 없는 것인지.

노라가 인형의 집을 뛰쳐나간 지도 백년이 훨씬 넘었건만, 외피적인 것이 아닌 진실한 의미에서의 결혼이라는 제도가 과연 한 인간이 인간답게 사는 데 기여하는 제도인가는 그다지 명쾌하게 결말이 났다고 보여 지지 않는다. 사람들은 흔히 말한다. "사랑으로 사나 정으로 살지. 미운 정 고운 정 켜켜이 쌓여서." 또는, "세상살이 별거 없어. 다 거기서 거기야. 그냥 저냥 구순하게 살면 되는 거야."한다. 그러한 지혜와 달관은 그렇기도 하려니 여겨지긴 하지만 그다지 가슴 깊이 와 닿지는 않는다. 타성에 젖어 마음과 마음의 교감을 멀리하고 일상의 안락함에 길들여져서 안이하게 살아간다면 도대체 부부가 뭐란 것일까 하는 생각이 들기 때문이다. 아직 철이 덜 나서 인생의 참다운 의미를 깨닫는 경지에 도달하지 못해서인가 보다.

희망컨대 나도 앞으로 25년을 더 살아 그때에는 이런 모든 회의에 대하여 납득할 만한 답을 갖게 되었으면 하고 바랄 뿐이다. 그때까지 또 쉬엄쉬엄 타박타박 어딘가를 향해 걸어가는 자세로 살아봐야겠다. 그런데 정작 결혼 50주년을 맞는 나의 어머니를 봐도 그다지 명쾌한 해답이 있는 것 같지 않다. 어느 날은 뭔가를 깨달은 심정이 되어 그 마음이 가뿐한 듯하고, 어느 때는 아직도 해답을 못 찾아 무지근한 듯 보이니까. 석숙

004

손을 펴시오

■ 손을 내려다본다. 주먹을 쥐어 본다. 사람들은 욕심 때문에 집착 때문에 그리고 긴장 때문에 주먹을 부르쥔다. 가만히 낮은 소리로 "손을 펴시오."라고 말해본다. 그러니까 그 말은 욕심을 버리라고 집착을 끊으라고 긴장을 풀라고 하는 말이다.

주먹을 펴시오

병 속의 땅콩이 먹음직스럽다. 원숭이는 얼른 손을 집어넣어 한 움큼 집는다. 그런데 그만 병의 입구가 좁아 주먹 쥔 손이 빠지지 않는다. 주먹을 펴야할 텐데, 원숭이는 당장 손아귀의 땅콩을 포기할 수가 없다.

삶을 치열하게 사는 사람들은 항용 무리수를 두기 마련인데, 자칫 잘못하다간 주먹을 펴지 못해 병에서 손도 땅콩도 꺼낼 수 없는 이 원숭이의 처지와 비슷해지기 쉽다. 자유도 잃고, 욕심도 못 채우고.

살면서 욕심으로 손아귀에 힘이 들어갈 때가 많지만, 될 수 있으면 애써 힘을 빼도록 하는 것이 좋다. 빈손이 된 후에야 다시 무언가를, 누군가를 잡을 수가 있을 테니까. 가파른 고갯길일수록 쉬어가며 숨고르기를 할 필요가 있고, 삶이 풍족하려면 여유가 없이 빡빡해서는 안 될 것이다.

손을 놓으시오

아이에게 자전거타기를 가르칠 때의 단계에 대해 생각해 보면, 아이를 키우는 과정 자체도 이와 같지 않은가 여겨진다. 처음에는 세발자전거, 그 다음에는 보조바퀴가 달린 두발 자전거. 어느 정도 페달을 밟는 것에 익숙해지면, 보조바퀴를 떼게 되는데 한동안은 누군가가 뒤에서 붙잡아줘야 한다.

내 친구는 눈가에 작은 흉터가 있는데, 어릴 때 자전거 배우다 넘어져서 생긴 상처라고 했다. 아버지가 당연히 뒤에서 붙잡아 주시려니 여기며 내리막길을 내려가던 중, 어느 순간 혼자라는 것을 알게 되니까 갑자기 균형을 잃게 되어 앞으로 굴렀다는 것이다. 친구는 요즘도 가끔 자기 아버지에게 농담 삼아 투정을 부린다고 한다.

"하여튼 내가 미인이 될 뻔했는데, 이 흉 때문에 다 틀렸다니까요. 아빠 때문이에요."

친구 아버지는 너무 성급했던 모양이다. 하지만 넘어지고 구르는 몇 번의 시행착오도 없이, 어느 한순간에 시원스런 질주의 요령을 터득해 나아가기는 어려울 것이다. 드디어 아이의 자전거 운전이 자유자재로 되고나면 더 이상 뒤에서 잡아줄 필요가 없다. 계속 붙잡고 있으면 도움이 되기는커녕 오히려 아이에게 짐이 될 뿐이다. 아이를 키우는 일도 이와 같이, 보호하고 잡아주는 시기가 지나면 놓아주어야한다. 제 갈 길로 갈 수 있도록, 맘껏 내달릴 수 있도록, 떠나보내는 것도 붙잡아주는 것만큼 중요하다.

자식 키우는 일 뿐이겠는가. 언제 붙잡고 언제 손을 놓는가, 매사에 적절한 타이밍이 중요하다. 나설 자리, 물러설 자리, 앉을 자리, 설 자리 제대로 알아차려야 처신의 모양새가 찌그러지지 않을 것이다. 그런데 살면서 닥치는 이런저런 선택의 기로에서 우리는 때로 단호하고 명석하지만, 대체로 망설이며 주저한다.

손을 펴시오

아무 것도 탐할 바 없고 아무 것에도 얽매이지 않는 행운유수가 부러울 정도로 내 앞의 생이 버겁지도 않고, 세간을 살아내는 재미가 온통 쏠쏠할 만큼 내 삶의 행보가 가볍지만은 않은데, 이 어중간한 나의 삶을 나는 사랑한다. 그러니 노상 주먹을 부르쥘 것도 없고, 그렇다고 손바닥을 탁탁 털고 일어설 일도 아니다.

내 마음속에는 두 개의 그림이 있다. 책으로 가득 찬 구석방의 정경 하나 그리고 햇살만 가득한 빈 방의 모습 하나. 두 가지 그림 중에서 때에 따라 어느 것 하나에 마음을 싣는다.

해마다 봄이 오면 연분홍 벚꽃 이파리들의 흐드러진 아름다움 속에서 선계의 황홀경에 온통 마음을 빼앗긴다. 겨울을 맞아, 벌거벗은 상수리나무 숲이 선사하는 홀가분한 적막 속을 걷노라면 마음은 절로 차분해 지니, 고요한 행복에의 초대에 기꺼이 잠겨든다. 꽉 들어찬 것도 텅 빈 것도 충만한 세계를 지향한다. 그런데 이런 식으로 자유의지가 작동되지 않는 경우도 있어서, 그럴 때는 나의 사념들이 한갓 한가한 공염불이 되고 만다.

어느 날 아침에 잠에서 깨어 아직 자고 있는 남편을 보니 두 주먹을 꼭 쥔 채였다. 무슨 악몽을 꾸었나 하며 힘껏 말아 쥔 그의 손가락을 하나하나 풀어주었다. 그런데 다음 날도 그 다음 날도 그는 주먹 쥔 손을 베개 맡에 가지런히 하고 웅크려 자고 있었다. 애써 가볍게 장난기를 실어, 인디언이 짓는 이름 식으로 '주먹 쥐고 잠자' 라는 별명을 그에게 붙여주었다.

새들은 항상 긴장하고 있어서 얕은 잠 밖에는 못 들기 때문에, 수명이 짧다고 한다. 또한 말은 일단 유사시 내달릴 자세를 취하기 위해 서서 잔다고 한다. 공격성을 못 갖춘 나약한 짐승들은 잠 속에서도 평안할 수가 없다. 이에 비해서 사람들은 잠이 들었을 때 가장 무방비의 상태가 될 것이라고 생각했는데 꼭 그렇지도 않은가 보다. 평소에 얼마나 삶의 무게에 짓눌려 있기에 이 사람은 자면서도 몸에서 힘을 빼지 못하는가. 자못 나의 마음에 앙금이 남는다.

나는 때로 그에게 주먹 쥐고 자는 이유를 묻는다, 물색없이. 그리고 손을 펴라고 부탁한다, 부질없이.

005

선물과 타협

■ 해마다, 자신의 생일이 다가오면 집안에서 가장 눈에 잘 띄는 달력에다 그 날짜를 빨간 색으로 선명하게 동그라미 쳐놓는 여자들이 있다. 식구들 모두의 주의를 환기시키기 위해서다. 식구들, 그중에서도 특히 남편이 자신의 생일을 기억해 주기를 바라면서 노골적으로 티를 낸다. 옆구리 찔러서 절 받기다.

어떤 이는 아예 아무 내색도 없이 '어디 내 생일을 제대로 기억하나 보자.' 하고 벼른다. 숨죽이고 가슴 조이며 기다리고 있다가, 남편이 용케 기억하고 보태어 기대에 넘치는 선물까지 마련해 올 때면, 그녀는 행복에 겹다. 반면 남편이 혹 아내의 생일을 깜박 잊기라도 할라치면, 그녀는 낙심천만하여 자신의 결혼생활을 총체적으로 회의하기까지 한다. 이것은 남편을 시험에 들게 하다가 자신이 시험에 들고 마는 자승자박의 형국이다.

아내의 생일엔 빼놓지 않고 커다란 꽃다발과 공들여 마련한 선물을 준비한다는 남자를 만난 일이 있다. 그다지 젊은 편도 아닌데 꽤 서구화된 매너가 몸에 익은 사람이로구나 하고 생각하는데, 이어지는 이야기가 재미있었다. "아, 이거 참 괴로운 일입니다. 어쩌다 마누라 생일을 잊고 지나쳤을 때의 사태는 생각만 해도 끔찍하거든요. 후환거리는 만들면 안되죠. 가뜩이나 세상살이 피곤한데요."하는 너스레였다. 그런데 듣고 있던 다른 남자들이 모두 다 너무나 강하게 이구동성으로 공감을 표시하는 것이 아닌가.

요즈음은 생일이나 기념일을 그럴듯한 겉치레로 거창하게 치르는 것을 행복한 결혼생활의 필수요건인 것처럼 여기는 사람들이 늘어간다. 하기야 이런 날을 맞아 조촐한 격식을 곁들여 색다른 재미를 느껴보는 여유도 나쁘지는 않으리라. 규모 있는 살림살이에 불협화음만 오지 않는다면 말이다.

통상 문화생활이라고 하면 책 읽고 음악 듣고 미술관에 가고 영화나 연극 보러 나서고… 이러한 것들을 쉽게 연상한다. 그렇지만 기실 그런 것들은 엄밀히 말하면 남의 잔치에 동참하는 것일 뿐이다. 진짜 나의 문화는 내가 기획하고 내가 시행하는 행사라야 될 것이다. 그런데 이럴 때 빠질 수 없는 것이 바로 선물교환이다.

우리 인류가 누린 최초의 문화활동은 선물교환이었다고 한다. 선물의 유래는 원래 부족 간의 전쟁을 피하기 위한 방편이었다고도 한다. 소금이 나지 않는 동네에 살고 있던 부족은 소금을 얻기 위하여 소금이 흔한 동네에 쳐들어가서 약탈해 오는 수밖에 없었다. 그런데 싸움도 진력나고 희생의 대가도 큰 나머지 무슨 좋은 수가 없을까 궁리하여 찾아낸 절묘한 방법이 물물교환이었다. 가령 우리 동네에 풍부하게 남아도는 가죽과 소금을 맞교환하면 되겠구나 하는 지혜가 생겨난 것이다. 이 물물교환이 좀 더 세련된 양식을 취하며 인심도 쓰고 실리도 얻는 형태인 선물로 발전하였다. 이쪽에서 시절에 맞춰 가죽을 보내면 저쪽에서 알아서 소금을 답례로 보내주는 것이었다. 이제 사람들은 싸우지 않고도 필요한 물건을 조달할 수 있고, 그리하여 참으로 오래간만에 평화도 즐길 수 있게 되었다.

전쟁을 치르는 대신에 선물이 오고 갔던 이러한 인류문화의 단면사는 '다투기 싫어서 선물을 안겨주는' 이즈음 고개 숙인 남편들의 개인사와 분명 맥락을 같이 하는 바가 있다. 선물이 진솔한 정감을 실어 보내거나 잔잔한 애정을 표현하는 마음의 일단이면 얼마나 좋으랴. 그런데 과유불급이라는 말도 잊었는지, 이즈음 사람들은 너도나도 규격화에 형식화하는 물량위주로 치닫는 경향이다.

컴프로마이즈(Compromise)라는 말은 '타협하다' 라는 뜻이다. 그런데 흥미롭게도 이 단어에는 타협한다는 주된 의미 외에 '위태롭게 하다' 라는 뜻도 있다. 만약 사랑하는 이들이 주고받는 선물을 타협의 수단으로 삼을 만큼 수단화하는 관계라면, 그 사랑은 조만간 위태로운 사태를 맞을 것이 뻔하다.

일부다처제의 아랍권에서 여러 아내를 거느린 남편들이 절대적으로 명심해야 될 일이 있다고 한다. 아무리 작은 선물이라도 반드시 모든 부인에게 공평하게 나누고 조금도 차별을 두어서는 안 된다는 것이다. 그곳 여자들은 철저하게 물질적이어서 선물의 과다를 가지고 애정의 척도로 삼을 뿐 감언이설에는 끄덕도 않는다고 한다. 그러니 부인들 간의 쓸데없는 투기와 질시를 막고 가정의 평화를 유지하는 첩경은 선물 공세에 차등을 두지 않는 것이다. 가혹한 남성 중심의 사회가 여자들에게 즉물적인 인간이 될 것을 강요한 소이라고 생각한다. 그녀들도 애초에는 오로지 남편의 마음에 기대어 살고픈 소망을 품었을 것이다.

아랍여자들처럼 물질에 기대어 남편의 애정을 확인하는 것은 가여운 일이다. 한편 집안에서 제대로 대접받고 바가지 긁히지 않으려면 알아서 처신해야겠다고 굳게 결심하고, 생일을 맞은 아내에게 바칠 선물을 고르기 위해 오늘도 백화점 매장을 헤매고 있는 이 시대의 많은 남편들 역시 애처롭기만 하다.

나는 남편에게 말하곤 한다.

"우리 사는 날까진 타협하고 살지 맙시다." 

006

여인 二代

■ 남편은 조상으로부터 물려받은 가산을 허황한 사업을 벌여 일찌감치 탕진했다. 형편은 나아질 기미가 보이지 않는 채로 아이들까지 많은 터였다. 그 와중에 친지들이 쌀섬이라도 보내주면 아내는 당연히 그것으로 생계를 꾸려 갈 요량을 해야 했는데, 그러기는커녕 남편이 술 찾으면 얼른 식량을 팔아 술을 받아왔다. 키워서 살림밑천 하라고 집안에서 간신히 마련해 준 송아지는 이내 팔아서 남편의 여행경비로 바쳤다.

아내는 그저 남편을 위해 그렇게 하고 싶었을 뿐이었다. 기쁘게 그렇게 했다. 술이 마시고 싶다거나 갑갑한 현실을 떠나 훌쩍 떠나고 싶다는데 모른 척할 수가 없었다. 남편이 신관 편하게 유람을 떠나고 나면, 남은 자식들과 아내에게는 있으면 먹고 없으면 굶는 생활이 기다리고 있었다. 주변사람들은 그녀를 주책이 없다고, 푼수가 모자라도 한참 모자란다고 했다.

그러나 그런 그녀를 가장 마땅찮게 생각하는 사람은 다름 아닌 남편이었다. 아내를 세상사에 무지하다고 무시했고, 말이 안 통한다고 답답해했다. 늘 책을 사랑하고 풍류를 즐기고 싶어 했으며, 유유자적 팔도를 유람하며 사는 것이 인생의 멋이라 생각했던 그는 마음에 차지 않는 반려를 만난 불운을 두고두고 한탄했다.

그에 반해 아내는 단순했다. 어떻게 살아야 할지, 어떤 삶의 방식을 추구할지 그런 식의 자각은 애초에 없었다. 반듯한 미인의 외양이면서도 교양을 갖춘 귀부인의 풍모와 달리 그녀는 주어진 현실에 즉각적으로 반응할 뿐, 내면의 깊숙함과도 겉치레의 얄팍함과도 거리가 먼 인물이었다. 부부는 여러 모로 지극히 대조적이었지만 생활을 몰랐다는 점에서 두 사람은 기막히게 닮았다.

정이 뜬 아내 대신에 남편에게는 따로 사모의 대상이 있었다. 고향 마을에서 멀리 떨어진 곳에 살고 있던 상대에 대해서는 소문으로밖에는 들을 수 없었다. 그녀는 아들 하나를 키우며 혼자 사는 과수댁이라고 했으며, 예쁜 본부인과 달리 아주 평범하게 생겼다고 했다. 하지만 감정의 교류가 가능하고 대화가 통하는 정신적 반려였음 직한 두 사람의 관계는 일 년에 한두 번밖에 해후할 수 없는 애틋함 때문이었던지 평생을 이어졌다.

마음에 다른 여자를 품고 사는 남편을 지켜보며 맴맴이를 돌던 아내는 늘 속이 탔다. 남편에게 향한 마음이 절절했건만 미움이나 질투를 표출하는 방법은 도무지 거칠고 직설적이기만 하여 설상가상 남편을 더더욱 멀어지게만 하였다. 오직 남편만이 자신의 우주였음에도 한 푼의 요염함도 없었던 아내에게 필요했던 것은 여우의 약삭빠름과 뱀의 교활함이었을까. 그러한 엇박자의 일평생을 뒤로 하고 할아버지는 할머니 앞에서 74년의 생을 접었다.

"잇속 하얗고 고른 것 하나 빼놓곤 볼 게 하나도 없다고 했지. 그도 아니라면 나를 버얼써 내쳤을 거라."

할머니는 할아버지를 회상하며 혼잣말처럼 노랫가락처럼 이 말을 되뇌곤 하셨다. 마음을 주지 않았던 남편을 원망하거나 제대로 대접받지 못한 자신의 신세를 한탄하기는커녕 농담 삼아 자주 그런 말을 하시는 얼굴에는 할아버지 살아생전 만족스런 배우자가 못 되어 드린 것을 미안해하는 표정이 역력했다.

"할머니, 할아버지 많이 보고 싶으세요?"

할아버지가 돌아가신 지 십 년쯤 후였다. 물론 나는 장난삼아 할머니를 놀리려고 가볍게 싱거운 질문을 한 것이었다. 그런데 내가 머쓱해질 정도로 할머니는 너무나 숙연했다.

"보고 싶고말고. 말로 다 할 수 없지. 볼 수만 있다면야 얼마나 좋겠나."

80연세에 얼굴 윤곽선도 그리 허물어지지 않아 왕년의 미모를 가늠할 수 있을 만큼 고우시긴 했지만, 시름에 운율을 섞어 낮게 읊조리던 할머니는 그날따라 앳된 새댁 같았다. 몇 년 후 할머니가 돌아가셨을 때 나는 허공에 대고 말했다.

"할머니, 이제는 할아버지 만났겠네요. 그래, 좋으세요?"

할머니의 막내 딸, 나의 고모는 모녀간에 아주 닮은꼴이었다. 세상 돌아가는 것에 무심하고 능수능란한 처세와는 거리가 먼 것 하며 남편에게 기울이는 외곬수의 삶이 그랬다. 성격이 팔자라고 하고 팔자도 내림이라고 한다. 두 분의 삶의 궤적은 충분히 그런 말들을 생각나게 한다. 고모는 스스로를 내세우는 자의식이 전혀 없는 사람 같았다. 그녀처럼 송두리째 자기가 없는 사람이 있을까 싶었다. 할머니와 한 가지 다른 점은 헤프고 규모 없던 할머니와 다르게 고모는 지나치게 알뜰한 살림꾼이었다는 것이다.

할머니와 방식은 달랐지만 고모도 남편을 지극정성으로 모셨다. 삶아서 헹궈서 풀 빳빳하게 먹여 다림질을 한 진열장의 새 옷처럼 일 년 열두 달 눈부신 의복수발을 해 바쳤다. 언제라도 부엌은 씻은 듯 깔끔하고 철철이 계절음식은 맛깔스러웠다. 먼지 한 점도 없는 집안 구석구석, 장판에 마루에 윤기가 자르르 흘렀으며, 이부자리 하얀 호청은 누그러질 새 없이 늘 사각거렸다.

할아버지처럼 고모부도 성격만 까다로웠지 현실의 경영은 서툴렀다. 그러므로 고모도 할머니처럼 언제나 넉넉하지 못한 살림살이를 꾸려야 했다. 생활에 여유가 없어서였겠지만, 바지런한 고모는 자신을 돌보는 일에는 아랑곳하지 않았다. 분홍색 숙고사 치마에 흰 모시저고리 곱게 떨쳐입고 나서면 동네어귀가 밝아지는 맵시를 지녔음에도, 대부분의 나날을 보글거리는 파마머리에 허술한 옷차림새로 살았다.

할아버지가 할머니에게 했던 것처럼 고모부도 자기를 받들어 모시는 고모에게 냉담했다. 모종의 우월감 때문이었는지 풀리지 않는 사회생활에서 오는 압박감 때문이었는지, 아내를 무시하고 짜증 일변도에 매몰차게 면박을 주기 일쑤였다. 그래도 키 작은 고모는 키 큰 고모부를 평생을 한결같이 해바라기했으며, 허우대 훤칠하여 영국신사 같다고들 하던 고모부를 자랑스러워했다.

한 인간이 오로지 한 상대만을 섬기고 숭배하는데 그에 감응하기는커녕 잘난 자신에 대한 당연한 대접쯤으로 여겨 사랑에 인색한 에고였으며, 그렇다고 다른 제반 사항들로 가정의 울타리가 되어주지도 못한, 무능과 허영으로 그 아내를 일평생 가난 속에서 헤어나지 못하게 했던 남편. 내가 만약 할아버지와 고모부를 그렇게 단정적으로 폄하한다면 그것은 아마 결코 공정한 태도가 아닐 것이다. 그들도 어긋나버린 삶에의 회한이라는 짙은 그림자를 부둥켜안고 산 사람들이다.

어쨌든 이 가련한 여인들은 조금 덜 사랑하고 그리고 좀 더 영악했더라면 좋았을 것이다. 적어도 하염없이 끈질기기만 한 사랑은 상대에게는 지겹기만 한 집념으로 받아들여져 신물이 나기도 하고 종내는 진저리가 날 수도 있다는 것쯤은 염두에 둘 수도 있었으련만. 그런데 하늘을 우러르듯 한 일편단심의 대상은 과연 남편이라는 한 인간이었을까, 아니면 단순히 남편이라는 이름의 허상이었을까.

예전에는 그런 모습들을 바라보기가 안타까웠는데 세월이 흘러 그들의 삶을 되새길 때, 나는 모름지기 우리가 누군가를 사랑한다고 자신 있게 말하려면 그만큼의 치열함은 지녀야하지 않을까 생각하게끔 되었다. 재고 따지고 손익계산서를 들여다보듯 하는 타산은커녕, 어떤 꾸밈도 가식도 위선도 없이 거침없고 주저하지 않고 대가를 바라지도 않고 단 하나만을 생각하는 것, 아니, 아예 생각 자체를 없애는 것, 그저 집중하는 것, 집중할 수 있는 그 무엇, 외곬으로 몰두하게 만드는 힘, 사랑은 이런 게 아닐까?

솔직하고 맹목적이고 저돌적이며 무모한 것, 그러한 생명력을 사랑이라고 불러야 할 것이다. 그런 사랑 그런 생명력으로 이 여인들은 다른 누구도 아닌 자신들의 삶을 완성해 나간 것이 아니었을까? 고모는 오늘도 생전에 미워했던 할아버지, 가엾게 여기던 할머니, 사랑이 지쳐 원망도 많았던 고모부, 이 모든 망자들을 위하여 그 어느 때보다도 평온한 표정으로 관절염으로 부풀어 오르는 무릎을 견디며, 사찰을 찾아 부처님께 절을 하고 또 하며 인생의 석양을 고운 노을로 물들이고 있다. 서숙

007

姑母는 섬처럼

■ 나는 바닷가 마을에서 태어났습니다. 그곳 동해바다, 망망대해를 바라보며 휘어진 수평선 너머에 있을 푸른 섬을 늘 꿈꾸었습니다. 섬에 가고 싶었습니다. 저 멀리 어느 곳엔가 있을 나만의 섬, 그 섬에 가면 초록으로 빛나는 능선이 있을 것입니다. 너른 풀밭은 온통 달구어진 공기 속에 어른거리는 햇빛을 전신으로 받아들일 겁니다. 구릉 꼭대기에 올라 가녀린 풀잎들을 나란히 누이며 가만히 나의 머리도 눕혀 흰 구름 파란 하늘을 올려다보고 싶었습니다. 눈이 부시겠지요. 그러면 양산을 펼쳐들 것입니다. 때문에 섬으로 가기 전 꽃무늬 화사한

양산을 반드시 장만해야겠다고 마음먹었습니다. 언제나 용돈이 궁한 내게는 과분한 사치인 줄 잘 알고 있습니다만.

부모님은 열 남매의 막내인 나를 부양할 능력이 없었습니다. 그래서 나는 고등학교 진학을 위해 별수 없이 서울의 오빠네로 갔습니다. 그다지 떳떳하지 못한 처지를 감내하는 것은 생각보다 꽤 힘이 들었습니다. 그리고 서울에는 바다가 없었습니다. 그래서 외로웠습니다. 처음에는 바다가 없으니 섬을 꿈꾸는 일도 못했습니다. 더욱 외로웠습니다. 그래도 나중에는 바다도 없이 섬을 가슴에 담는 법을 깨우쳤습니다. 살아야했으니까요.

바다를 못 보며, 그럴수록 더욱 바다에 둘러싸인 섬을 그리워하며, 간신히 여상을 졸업하고 작은 회사에 경리사원으로 취직했습니다. 쥐꼬리만한 봉급이었지만 저축도 하여 독립했습니다. 작은 나의 방이 생겼을 때는 많이 기뻤습니다. 치자색 모슬린의 원피스를 샀을 때에는 더욱 기뻤습니다. 꽃무늬 화사한 양산이 생겼을 때에는 믿기지 않는 행운을 거머쥔 것 같았습니다.

그때 그를 만났습니다. 나에게 까마득히 높은 직장상사였던 그는 안정된 모습으로 나로부터 아주 멀리 있었습니다. 그런데 뜻밖에도 그가 일본여행에서 돌아와서는 내게 선물을 주었습니다. 까만 직육면체의 유리 속에 황금빛 동경타워가 들어있는 갸

름한 장식물이었는데 작아서 손아귀에 꼭 잡혔습니다.

그가 보여 준 관심에 나는 많이 들떴습니다. 나 혼자만의 속절없는 짝사랑만은 아닌 듯했기 때문입니다. 처음에 그는 나를 어린 여동생쯤으로 여기는 듯 했는데, 어느덧 우리는 같이 보내는 시간이 많아졌습니다. 처자식이 있는 그는 이 만남을 때로는 풋풋한 연애로 생각하기도 했을 것이고, 때로는 가벼운 바람기로 여기기도 했겠지요. 나는 당연히 그보다는 진지했을 것입니다. 그래도 기약할 미래가 없다는 것 따위를 염두에 둘만큼 진전된 사이도 아니었습니다. 그냥 마음이 많이 움직였었다고나 할지.

그런데 그즈음이었던 것 같습니다. 미래라든가 희망이라는 말들이 빛을 잃기 시작했습니다. 그 사람 때문이었을까요? 아니, 그것은 아닌 것 같습니다. 나는 그에게 많은 기대를 하지 않았습니다. 그가 나를 속속들이 깊이 사랑한다는 확신이 들 만큼 우리가 가까운 사이도 아니었습니다. 무엇보다도 나의 사랑에 나 자신도 그다지 확신이 있었던 것은 아니었으니까요. 그저 이번 생은 나에게 그다지 많은 것을 베풀어 주지는 않을 작정인가보다 짐작이 갔습니다. 말하자면 살아봐야 별 수 없을 거라는 체념 같은 것이었습니다.

나는 삶이라는 연극무대에서 주인공이 되고 싶었나 봅니다. 그런데 불길하게도, 내가 맡을 가능성이 있는 배역 중에 주인공이 될 만한 것은 없었습니다. 예쁘지도 영민하지도 활력이 넘치지도 못했지요. 그래서 견딜 수 없는 것은 너무 많았습니다. 무미건조한 일상, 근면한 것만으로는 헤어날 수 없을 것 같은 남루한 생활, 마음 둘 곳 없는 외로움…. 그냥 대충 뭇 인간처럼 살면 되지 않느냐구요? 아뇨. 관객 없는 혼자만의 연극은 이제 싫증이 나는군요. 시시해요.

스치듯 찾아온 한 가닥 사랑에의 기대가 나를 더욱 깊이 절망하게 했는지도 모르겠습니다. 그런데 이러한 무력감에 빠져들수록 내 마음 속의 섬이 나를 불렀습니다. 어서 오라고 말입니다. 해가 뜨던 동해와 달리 해가 지는 서해에는 섬이 참 많더군요. 그 중에서 하나를 골랐습니다. 인천에서 배를 탔습니다. 배에 오르기 전, 친한 친구와 오빠에게 각각 편지 한 통씩을 부쳤습니다. 마무리가 필요한 몇 가지 일의 뒤처리를 부탁하기 위해서였는데, 편지말미에 조용히 사라지는 나를 제발 찾지 말아달라고 간곡하게 썼습니다.

그에게는 아무 것도 남기지 않았습니다. 일기에도 그와의 일을 적어놓지 않았습니다. 물론 어떤 친구에게도 그에 대하여 말하지 않았습니다. 그저 그를 내 가슴에 담고 갑니다. 다시 말하지만 내가 죽는 것은 그 때문이 아닙니다. 그는 내가 사랑한 타인이었으며 늘 낯설었습니다. 언제 우리가 가까웠던 적이 있었나요. 그런데 이렇게 마지막 시간이 다가오니 머리속에 온통 그의 생각뿐이군요. 생각보다 나는 그를 아주 깊이 사랑했었나 봅니다.

섬에 도착한 날, 비가 내렸습니다. 그래서 이틀을 기다렸습니다. 이제 하늘은 맑고 날씨는 쾌청합니다. 이곳은 바다가 내려다보이는 양지바른 잔디 언덕, 오래된 것으로 보이는 무덤가입니다. 소주 2병에다가 수면제 한 병을 다 비웠습니다. 슬며시 잠이 쏟아집니다. 나의 완전범죄가 흐뭇합니다. 모슬린의 치자색 원피스를 단정하게 입고 반듯하게 누워 꽃무늬 화사한 양산으로 얼굴을 가렸습니다. 나의 부재를 슬퍼해 줄 몇 사람의 얼굴이 희미하게 떠올랐다가 이내 사라집니다. 그들의 슬픔이 그다지 절실할 것 같지 않아서이겠지요. 그렇게 생각하니 죽어가면서도 몹시 쓸쓸하군요. 반면 이다지도 변변치 못한 나의 생을 이쯤에서 접기로 한 이번 결정이 다행스럽기도 하구요.

나는 이제 외딴 섬에서 홀로 죽어가고, 나를 아는 이는 아무도 나를 찾지 못할 것이니, 그들이 나 때문에 번거로울 일은 없을 것입니다. 나의 시신을 수습해 줄 이 섬 주민 누군가를 위하여 내가 가진 시계와 얼마간의 현금을 내 옆에 둡니다.

죽음은 영원한 잠입니다.

이 감미로운 잠에 빠지는 것이 행복합니다.

부디 안녕히.

008

내 아버지의 작명법

■ 십여 년 전, 여동생의 약혼식 때였다. 약혼자가 아버지에게 동생의 이름에 대해 항의 아닌 항의를 하였다.

"아버님, 두 언니와 동생이 모두 외자 이름인데 왜 셋째딸의 이름만 두자입니까? 다른 자매들하고는 얼굴 모습도 다른 것 같은데 혹시 주워온 딸 아닌가요?"

아버지가 특유의 너털웃음을 터뜨리며, 변명 아닌 변명을 시작하였다.

"첫아이가 아들이었을 때는 아주 기쁘더군. 아들이 있으니 다음은 딸이었으면 했는데 마침 딸이야. 반가웠지. 세상이 내 맘

대로 되는 것 같더라구. 그래서 세 번째는 아들을 기다렸는데 그만 딸이야. 약간 섭섭했지. 그러다가 셋째 딸까지 낳고 마니까 너무 섭섭해서 울고 싶은 심정이더구먼. 하지만 서운한 마음 한편으로는 아이에게 미안해서 이름만은 세상에서 제일 예쁘게 지어주려고 마음먹었지. 그래서 궁리 끝에 지은 이름이 아름다울 미(美)에 비단 라(羅), 미라라는 이름이야. 그런데 보라구. 내 선견지명이 제대로 들어맞아서 이름처럼 외양도 마음도 예쁘게 자라지 않았나."

미라라는 이름은 지금이야 흔한 이름이 되었지만, 60년대에는 독특한 이름이었다. 동생은 하얀 피부 큰 눈으로 이름에 어울리게 얼굴도 서양사람 같다는 소리를 많이 들으면서 컸다. 사실 아버지는 셋째뿐만이 아니라 딸들 모두의 이름을 가지고 당신의 선견지명을 자랑하시곤 했다.

항렬 상으론 우리 형제의 이름에는 주석 석(錫)자를 붙여야 한다. 그래서 첫 아들의 이름은 형석(亨錫)이라고 무난하게 지었지만, 아버지는 석(錫)자 항렬은 여자아이의 이름으로는 걸맞지 않다고 생각했다. 매사에 무난한 것보다는 특이한 것을 좋아하시는 취향도 한몫 했다. 그래서 두 딸이 숙(淑)과 옥(玉)이라는 외자 이름을 갖게 되었으며, 당시의 서구화 바람을 타고 서양 어감이 드는 미라라는 이름도 생겨나게 되었다.

1남 3녀를 얻은 후 부모님은 더 이상의 자식을 원치 않았다. 그렇지만 어디 인생이 계획대로 되어지던가. 뜻하지 않게 임신과 맹장염 수술이 겹쳐지는 바람에 어머니는 예정에 없던 다섯째 아이를 낳아야했는데, 이번에도 딸이었다. 넷째 딸을 아버지는 서운해 하지 않았다. 아버지가 막내의 이름으로 꽃부리 영(英)자를 정하던 그 밤이 생각난다. 모처럼 일찍 들어오신 날, 갓난아기를 흐뭇하게 내려다보시며, "예쁜 이름이지?"하고 올망졸망 모여 앉아 있던 우리에게 의견을 물으셨다.

이렇게 드문드문 몹시 가정적이고 자상한 모습을 보일 때도 있었지만, 대개는 식구들에게 무턱대고 무섭고 엄격한 아버지였다. 아마도 너무 젊은 나이에 자식을 두어서 부모노릇의 중압감에 자식들의 존재가 부담이 되었을 지도 몰랐다. 그렇던 아버지는 넷째와 터울이 지는 다섯째 자식에게서 비로소 진한 부정을 느끼셨던 것 같다. 커 가는 것을 안타까워할 정도로 막내를 애지중지하였는데 그 정도가 무절제에 가까울 지경이었다. 막내는 넘치게 영리하고 못하는 것 없이 재주가 많았다. 막내라서 귀엽기도 했겠지만, 아버지는 더욱 동생의 재주를 사랑하였다.

아버지는 딸들의 이름에 늘 스스로 감탄해 마지않으셨다. 첫째 딸 '숙'은 정숙하고, 둘째 딸 '옥'은 영롱하고, 셋째 딸 '미라'는 사랑스럽고, 넷째 딸 '영'은 영특하다고 했다. 한문에 웬만큼 조예가 있는 분이 제대로 된 말뜻을 몰라서 그런 해석을 내렸을 리는 없고, 단지 아버지의 딸들에 대한 희망을 그렇게 투영하신 것일 것이다. 이름이 자식들의 성격과 됨됨이에 너무나 잘 들어맞는다고 주장하셨던 것도 그런 모습의 인간이 되어줄 것을 깊이 바라셨기 때문이리라.

아버지는 아마 첫째 딸에게서 현숙함과 기품을 기대하였을 것이다. 한 큰 인물의 내조자로 손색이 없을 모습을 상상하였다. 둘째 딸은 어려서부터 남들 앞에 나서기 좋아하고 리더십과 학구열을 겸비했으니 공부 많이 하여 큰 재목이 될 것을 희망하셨다. 무엇보다 그의 진지하고 열정적인 생활 자세에서 아버지는 옥구슬이 지니는 영롱한 빛을 보셨다. 아버지는 또, 셋째에 대해서는 살다가 만약 눈비 몰아치는 날, 춥고 외로울 때가 온다면 이 아이가 나에게 따뜻한 위안이 되어 주리라고 그의 모습을 그렸다. 특히 막내에게는 대단한 기대감을 공공연히 나타내시곤 했다. 이모저모 재주가 많은데다가 사근사근 연한 배 같은 성격으로 사람들에게 어필하는 매력이 있으니 무엇으로든 간에 세상에 명성이 나는 일을 할 것이었다.

아버지의 이름에 대한 해석에 딸들은 대체로 시큰둥했다. 아버지는 한때 문학청년이었다면서 어쩌면 딸들 이름을 이렇게 성의 없이 흔한 글자로 지으실 수가 있냐, 일례로 서울 변두리나 시골 소읍을 지나다 보면 숙 미용실이나 영 다방이 어김없이 눈에 띄지 않느냐고 우리끼리 화기애애, 농담거리로 삼곤 했다.

우리가 평범한 자신들의 인생살이에 별 유감이 있든 없든 그것은 별개로 하고, 딸들은 하나 같이 아버지의 성급한 선견지명을 배반하며 변변치 못하게 사는 폭이다. 그러나 이제는 돌아가시고 안 계신 아버지의 기대가 결국 착각에 지나지 않은 것이었다고 하더라도, 그것이 당신 나름의 부정의 발로였을 바에야, 네 자매의 가슴에는 언제나 사라지지 않는 한 줄기 햇살로 남아있어 그로 말미암아 나날의 생활을 반성하는 것이다.

되돌아보니 미안한 마음은 온통 오빠에게로 향한다. 자라면서 늘 여동생들이 설치는 통에 남의 집 외아들이 누리는 대접은 한 번도 제대로 받아보지 못했다. 아버지가 오빠를 다루는 모습은 나에겐 여러모로 부당하게 비쳤다. 외아들을 향한 너무 큰 기대와 그에 따른 어쩔 수 없는 조급한 마음 때문이었을 것이다. 그래도 오빠는 불평 한마디 없었는데, 그러려니 하고 참아 넘길 수 있었던 것은 그가 이름자에 형통할 형(亨)자를 가지고 있는 덕이었을까.

생각해 보면 이름대로 되지 못한 것은 우리 뿐은 아니다. 할아버지는 아버지의 이름으로 항렬자인 궁정 정(廷)자에 선비 언(彦)자를 취하셨으니 이름대로라면 정승판서의 격에 올라야만 했을 것이다. 아버지는 평생을 세상살이의 경영에 성실하셨으나 행운과 불운을 두루 엮은 일평생에 말년이 그리 편안하지는 못했다.

여러 사람들로부터 내 이름에서 글 쓰는 사람의 분위기를 느낀다는 말을 더러 듣는다. 그러한 찬사는 애초에 아버지가 품었던 희망사항으로부터는 한참을 비껴간 것이리라. 그러나 나는 사람들이 나의 이름에서 맑은(淑) 기색으로 천천히(徐) 나아가고 있는 어떤 연상을 떠올릴 수 있었으면 하는 마음으로 그러한 문학적 여운을 남겨주신 아버지의 어긋난 선견지명을 기린다. 서숙

009

나도 어머니처럼 이겨낼 수 있을까

■ 시어머니는 의심이 많다. 편견도 심하다. 무슨 일이든 당신의 손을 거쳐야 직성이 풀리고 남이 하는 일들은 대체로 마음에 들어 하지 않는다. 그러다 보니 항상 집안 대소사를 당신 혼자 결정하고 추진해야한다. "내가 인복이 없어서 사는 게 이렇게 고달프다."라고 탄식하면서.

며칠 전에 신촌 근처를 지나다가 오랜만에 중국식 호떡을 파는 리어카 행상을 보게 되었다. 나는 왈칵 반가웠다. 이 호떡은 공갈이 부풀려서 속이 텅 비어있기 때문에, 예전에 우리는 속칭 공갈빵이라고도 했다. 주먹으로 탁 치면 여러 조각으로 부스러지고, 그 안 쪽에는 달착지근한 꿀물이 발라져 있어서 아삭아삭 하면서도 달콤한 게 어쩌다 한 번씩 먹게 되면 맛이 괜찮다.

예전에는 중국음식점에서 밖으로 낸 유리진열장 안에 쌓아놓고 많이 팔았지만, 요즘은 이런 호떡은 이렇게 행상으로나 팔리고 그나마 자주 보기도 힘들다. 그런 호떡이 어쩌다 눈에 들어오면 나는 그것을 살 때도 있고 그냥 지나 칠 때도 있다. 그러나 이것을 볼 때면 어김없이 생각나는 이야기는 하나 있다.

남편이 고등학교에 다닐 무렵이라니까, 시아버지가 아마 45세 정도였나 보다. 그만 어쩌다가 병명을 알 수 없는 병에 걸려 종합병원을 전전하며 투병생활을 해야만 했다. 급기야는 여러 병원을 거친 끝에 최종적으로 내려진 진단은 폐암 말기로 여섯 달을 넘기기 힘들다는 것이었다.

시어머니는 환자를 집으로 퇴원시키고 먹고 싶다고 하는 거나 원 없이 사주라던 의사의 충고를 따라 아버님에게 먹고 싶은 것이 무엇이냐고 물었다. 자신의 병의 위중함에 대해 알 바 없던 시아버지는 무심코 중국호떡이 먹고 싶다고 했다. 그 길로 호떡을 사러 나섰다. 노량진의 집을 나와 차를 타고 한강다리를 건너 용산에 당도했다. 요즘은 다 없어졌지만 그즈음 그 일대에는 중국음식점들이 즐비했다고 한다.

그런데 어찌된 일인지 그날따라 하나도 눈에 띄지 않았다. '아니 그 많던 중국집들이 몇 달 새에 다 문을 닫았나. 왜 이렇게 하나도 없지?' 초조하게 두리번거리며 중국집을 찾아 서울역 방향으로 하염없이 걸었다. 삼각지를 지나고 남영동을 다 지나갈 무렵에야 가까스로 허름한 집을 하나 발견하곤 간신히 호떡을 사 갖고 돌아 올 수 있었다.

그런데 시한부의 삶을 선고받았던 아버님은 기적처럼 시나브로 병세가 호전되었다. 여러 이웃과 친지들은 굿을 크게 한 덕이라고도 하고 용한 무당의 효험이라고도 했다. 아니면 단순히 의사들의 오진이었는지도 모를 일이다. 한 시름을 넘기고 난 몇 달 후 어머니가 용산 근처에 나들이를 했을 때, 그 거리에서 맞닥뜨린 당혹감을 훗날 내게 이렇게 표현하였다. "그 때는 하나도 없던 중국집들이 거리 이 끝에서 저 끝까지 널렸더구나. 아무리 눈을 씻고 찾아도 안 보이더니."

변화를 싫어하는 어머니의 고집 탓에 부모님은 피난민으로 처음 정착했던 노량진에서 오십 년이 넘도록 살고 있다. 그 바로 이웃집에 사는 중년의 주인남자가 젊은 나이에 그만 중풍으로 반신불수가 되고 말았다. 그가 쓰러지고 나서 얼마 지나지 않은 때였다. 어머니와 내가 골목을 걸어가는 저쪽에서 그의 부인이 외출 차림새로 걸어오고 있었다. 우리와 마주치곤 "안녕하세요?"하고 환하게 웃으며 지나쳤다. 어머니는 그녀가 멀어져 가는 뒷모습을 물끄러미 바라보며 혼잣말처럼 뇌이셨다.

"요즘 젊은 여자들은 어쩌면 저러냐. 남편이 저렇게 누워 있는데 입술연지를 새빨갛게 칠하고는…. 나는 니 아버지가 아플 때 삼 년 동안 거울을 안 봐서 머리가 하얗게 세는 것도 몰랐는데."

아버님은 암환자로 진단 받은 후에 고비를 넘기신 뒤로도 한 십여 년을 시름시름 차도를 보이며 병치레를 했건만, 올해 팔순인데 아직 기력이 그만하시다. 그리고 세 살이 아래인데도 불구하고 병약했던 남편보다 오히려 훨씬 더 늙어 보이는 어머니는 살아온 세월이 억울하다고 툭하면 신세타령이다. 매사에 극성이고 의심이 많지만 특히 의사들 말은 좀체 잘 안 믿는다.

요즘은 중국호떡을 파는 사람들이 드물다. 그래도 돌아다니다 보면 간혹 눈에 띄기는 한다. 나는 호떡을 살 때도 있고 그냥 갈 때도 있다. 그렇지만 그 곁을 지나칠 때면, 용산에서 남영동까지 한참을 "그 많던 중국집들이 갑자기 어디로 사라졌을꼬?"

하며 두리번거리면서 휘적휘적 걸어가는 흰 저고리를 입고 있는 어머니의 영상은 실제로 본 것처럼 나의 뇌리에 어김없이 또렷하게 떠오르곤 한다.

일부러

길을 잃다

#2

바람 한 자락에도 우수수 낙엽은 비처럼 쏟아지고

001

눈물이 속(俗)된 줄 모를 양이면

■ 금옥 아줌마. 아이를 낳지 못해서 아무개 엄마라고 불리지 못하고, 늘 자기 이름으로 불리었다. 그녀는 뚱뚱하고 체격이 컸고 생김새도 투박한 편이었다. 반면에 복상(朴氏)이라고 일본식 호칭으로 불리던 그 남편은 곱상한 얼굴에 아담한 체격이었다. 남녀가 바뀐 것 같은 모습이었다. 부부가 나의 어머니와 동향, 동창생으로 다 같이 이북 피난민이었으므로 그들 세 사람은 서로서로 각별했다.

금옥 아줌마는 고향에서 의전에 다니고 있었는데, 복상은 그녀의 후배였다. 그녀에게 그는 평화롭던 학창시절 낭만적인 첫 사랑이자 짝사랑의 대상이었다. 그들 남녀는 피난길에 우연히 만났다. 그녀는 식구들과 함께였고, 그는 홀홀 단신이었다. 그는 홀몸이었을 뿐만 아니라 폐결핵에 걸린 중환자였다. 그녀는 그와 결혼하고 싶었지만 식구들의 반대가 워낙 극심했다. 할 수 없이 무작정 동거생활로 들어갔다.

이제 그녀는 그를 살리는 일에 자신의 생을 걸었다. 돈이 필요했다. 그녀는 돈을 빌리기 위해 수단방법을 가리지 않았다. 거짓말도 불사하였다. 친정붙이는 물론이거니와 나의 어머니를 비롯한 그녀를 아는 사람 거의 모두가 그녀의 빚쟁이가 되었다. 자연히 주위 사람들로부터 배척을 받고 원망도 샀다. 그렇게 극성을 부린 보람이 있어 대 수술 끝에 남편은 극적으로 회생할 수 있었다. 다행이 그의 목숨은 건졌으나 건강을 챙겨야 하는 회복기에 그들의 가난은 극에 달했다. 달동네 움막 같은 곳에서 겨우 비바람을 가렸다.

"국수 몇 가닥 외엔 아무 것도 없었지. 한 사람 몫이 간신히 될 정도였을 거야. 쭈그리고 앉아서 국수를 삶는데, 하필 그 때 동네 아줌마가 마실 왔어. 삶아낸 국수를 헹궈서 채반에 건지는데, 옆에 앉아서 한 가닥씩 호로록 빼 먹는 거야. 국수는 요럴 때 먹는 게 맛있다며. 그때 얼마나 야속하고 조마조마하던지.

간신히 한 그릇 만들어서 들여보내니, '당신은?' 하고 물어. 나는 삶으면서 주섬주섬 먹었더니 배부르다고 둘러대며 방문 닫아주고 돌아서서 먼 산 바라보며 배고픈 거 참았단다."

아줌마는 자식이 없어서 그랬던지, 우리 자매들을 상대로 곧잘 지난 얘기를 하곤 했는데 그럴 때면 듣는 우리가 오히려 목이 멨다.

죽을 고비를 넘겼으니 앞으로는 살아 갈 길을 모색해야 했다. 마침 정부에서는 이북피난민에 대한 구제책을 내 놓고 있었다. 그중의 하나가 전쟁 당시 의전 재학생들에 관한 것이었다. 즉, 졸업은 못 했어도 몇 년 동안의 재학 사실을 소명할 수만 있다면, 소정의 시험만으로 무의촌에서만 근무한다는 조건으로 의사자격증을 준다는 요지였다. 그녀의 재학 연수는 이 요건에 들어맞았지만, 남편은 후배였으므로 그렇지 못했다.

그때 친구들 간에 기특한 의논이 있었다. "금옥이가 우리에게 거짓말도 밥 먹듯 하고 금전적 피해도 많이 입혔지만 어쩌겠냐. 사람 하나 살려 놓고 보자." 모두의 묵인하에 그들 부부의 선후배 관계를 뒤집어 학력을 바꿔치기 하도록 공모가 이루어졌다. 격동의 시절 가치관의 전도가 극심했던 시기를 살아냈어야 했던 세대들의 인정 어린 부정행위였다. 그가 의사가 된 것은 이렇듯 여러 사람의 거짓 보증 덕분이었다.

남편의 시험공부도 쉽지는 않았다. 얼마 안 되는 수업료가 없어서 정부에서 제공하는 수업을 정식으로는 들을 수가 없었다. 마치 심훈의 상록수의 한 장면처럼 교실 밖 복도에서 창문 안으로 목만 들이밀고 청강을 했는데, 다행인지 불행인지 그 시절에는 하도 어려운 사람들이 많아서 이런 청강생의 수가 적지 않았다. 마침 여름철이어서 가능한 일이기도 했다. 시험에는 무사히 통과하였다.

처음에는 전라도 어느 섬에서 의사생활을 시작했다. 그녀는 자랑스럽고 흐뭇하게 그 시절을 회상하였다.

"시골 사람들이 무슨 돈이 있니. 그저 형편대로 내라고 하면 천 원도 내고 이 천 원도 내곤 하지. 이 사람은 환자가 진료실 문을 나서기가 무섭게 '여기, 당신 돈.' 하고 내게 돈을 던져 주는 거야. 왜 그렇게 먹고 싶은 게 많던지. 아마 너무 배를 많이 곯았던 탓인가 봐. 그래 천 원, 이 천 원 생기는 대로 들고 나가선 찹쌀떡도 사 먹고 음료수도 사 마시고. 그때 군것질을 심하게 해서 요즘 내가 당뇨로 고생하는 걸 거야."

그러다가 아직 무의촌으로 남아있던 서울 근교로 옮겨왔다. 이제부터는 살림이 불티나게 일기 시작했다. 그녀도 서울대학

간호학과를 졸업하여 보건소에서 근무하게 되었으니 두루두루 일이 잘 풀린 셈이다. 여자아이를 입양하여 아기자기한 가정의 틀도 이루었다. 이러한 평화와 행복이 계속되어 옛말하고 살 수 있었다면 얼마나 좋았으랴. 불행의 전조였는지 모른다. 유난히 정을 쏟던 아이가 자다가 돌연사를 하고 만 것이다. 특히 남편의 상심이 컸다고 했다.

그녀의 외출이 심해졌다. 우리 어머니도 덩달아 분주해졌다. 내가 보기에 그 정도가 지나친 것 같았다. 어느 날 나는 어머니에게 작정하고 따지듯 얘기했다. 왜 그렇게 생각 없이 사느냐고, 나름의 생활철학이 있어야 할 것이 아니냐고. 고등학생이었던 친구 딸의 버릇없고 당찬 태도에 그녀는 타이르듯 웃으며 얘기했다. "우리는 참 힘들게 살았다. 뭐가 뭔지도 모르고 정신없이 살았지. 너희는 행복한 세대야. 똑똑하고 현명하게 살 수 있을 거야. 그렇지만 우리는 안돼. 네가 이해 좀 해 주라."

그녀의 가정에 이상이 생겼다고 했다. 남편에게 새 여자가 생기고 그로 인한 불화가 끊이지 않았다. 마음 붙일 곳이 없던 그녀는 그래서 밖으로 나돌았던 것이다. 자연히 동창들 간의 관심사가 되었다. 나의 어머니는 동창회에 다녀 온 어느 날은 이렇게 말했다.

"남녀 간에 희생은 하는 게 아냐. 어리석어. 아니면 자기가 좋아서 한 일에 대가를 바라지 말던가. 복상은 금옥이를 조금도 사랑하지 않았어. 물에 빠진 사람이 지푸라기 잡는 심정으로 매달렸던 것뿐이지."

나는 희생이 어리석은 것이라는 말에는 강하게 반감이 솟았다. 분명하고 단호한 어조가 너무 매정하게 들렸다. 아마 그날 모임에서의 중론인 듯 했다. 세상이 그녀에게 너무 야박하다고 느꼈다.

그런데 또 어머니는 어느 날은 "그 놈이 나쁜 놈이지. 인간의 탈을 쓰고 어찌 그럴 수 있냐. 제 놈이 금옥이 아니면 벌써 죽은 몸일 텐데 감히 배신을 해? 우리가 자기 의사 만들어 준 것도 다 금옥이 봐서 한 일인데, 이제 살 만하니까 바람을 피운다는 게 말이 되니?"하며 흥분하기도 했다.

그러면 내 가슴엔 또 다른 대답이 기다린다. 저 사람은 정작 청춘일 때는 투병 생활하느라고 삭막하게 보내고 사랑이 뭔지 모르다가 이제야 풋풋한 사랑의 감정을 느꼈을 텐데, 사랑하는 사람하고 행복하고 싶을 텐데, 은혜를 입은 것에 대해 감사만 하고 평생을 살 수는 없지 않은가.

내가 어머니와 그 동창들의 생각들에 번번이 속으로 반발하였던 것은 뭔가 대상을 알 수 없는 막연한 분노와 회의 때문이었던 듯 하다. 그녀는 그렇게 불행한 세월 속에 병마와 싸우며 속을 끓이며 살다가 오십 세의 나이에 당뇨 합병증으로 세상을 떠났다. 내가 결혼을 하고 잠시 해외에 나가 있던 몇 년 동안이었다,

그 남편은 그 후에 더욱 승승장구하여 부자가 되었고, 사랑하는 여인과 결혼하여 행복하게 잘 산다는 후문이었다. 귀국 후 그녀의 사망 소식을 뒤늦게 접하고 망연해 있는데, 빨간색 흑백 텔레비전이 눈에 들어왔다. 내가 결혼 할 때, 그녀가 예전에 나의 어머니에게 진 빚 다소라도 갚는다며 해준 것으로 당시로는 비싼 혼수였다. 나의 어머니는 그녀가 끝내 살아생전 정식으로 결혼식을 올리지 못한 것을 애석해 했다.

테세우스를 미궁으로부터 구해 준 아리아드네 공주는 배신을 당한다. 그러나 실연의 눈물이 채 마르기도 전에 디오니소스와 사랑에 빠진다. 외모도 아름답고 공주라는 신분도 있었기에 다시 사랑을 찾을 여지가 있는 것이다. 그러면 옛 사랑은 헌 신짝만큼의 미련도 없다. 이렇듯 대개의 신화나 설화 속 배신에는 그 돌파구가 있다. 그러나 한국의 평범한 여인들에게 남편의 배신은 치명적이다. 그런데도 아니 그렇기 때문에 그들의 남편에 대한 집착은 강할 수밖에 없을 것이다.

남녀가 만나서 사랑하는 일은 그야말로 불가해하기가 테세우스의 미궁과 같다. 사랑했기 때문에 자신의 삶을 송두리째 헌신했으니 행복에의 기대를 품는 것으로 그에 대한 대가를 바라는 것은 당연했다. 그러나 결과는 참혹한 배신으로 귀결되었다. 그렇지만 한편, 한 남자에게 애정 없는 결혼생활을 그 누가 강요할 수 있을 것인가.

가여운 사람. 자기감정에 충실하였으되 상대방에게 보상받지 못했던, 그래서 괴로운 말년을 보내야 했던 그녀의 원통함이 눈물로 떨어질 수 있다면, 사랑아, 구천에 호곡(號哭) 하리라. 서숙

002

나무꾼과 선녀, 그 후

■ 위대한 개츠비

그리워하고 기다리는 일의 허망함에 대해 그는 아랑곳하지 않았다. 그에게는 그것이 희망이었으며 사랑이었다. 그러나 결국 사랑하는 대상을 바라보는 것만으로는 충분히 행복할 수가 없었나 보다. 그처럼 헛된 몸짓으로 파국을 끌어들이는 모습 속에는 삶의 비장함이 깊이 스며있다.

이러한 개츠비의 모습이 숙연하게 가슴에 와 닿는 것은 우리 모두도 그와 같은 꿈 한 자락을 품고 있어서 일 것이다. 지나간 사랑을 포기하지 못하는 끈질김, 사랑하는 대상에 대해선 모든 판단을 유보하고 적합성을 따지지 않는 순수함, 자신의 소망을 실현코자 돌진하는 무모함 속에는 우리가 선망하지만 이내 포기하고 마는 삶에의 환상이 어른거린다.

추락하는 것은 날개가 있다

작가는 위대한 개츠비보다 더 지독한 사랑을 그려 보이고 싶었나 보다. 온갖 장치와 설정으로 한 남자의 어리석은 집착을 천착한다. 소설 제목으로는 바하만의 시 한 구절을 빌려왔다. 추락이라는 말에서는 쉽게 이카루스의 날개가 연상된다. 태양에 너무 가까이 다가가는 바람에 밀랍이 다 녹아서 깃털은 산산이 흩어지고 그는 땅으로 추락한다. 사랑이 날개를 얻는 것이라면 그 사랑의 헛됨이 추락을 예고하는 걸까. '날개가 있으므로 추락의 여지가 생긴다.' 즉 '모든 사랑은 헛되다.'와 동일한 의미일까. 헛된 것은 아닐지라도 적어도 절망을 내포하고 있다는 의미인지도. 모든 사랑은 절망의 다른 이름일지도 모른다.

그러면 추락은 어떻게 진행되는 걸까. 이 세상에 시간 앞에 빛 바래지지 않는 것은 없으니 시간과 생활의 타성에 의해 서서히 진행되는 추락일 수도 있고, 인간이란 미완성의 존재가 원래부터 사랑의 형식에는 걸맞지 않아서 추락은 기습과도 같을 수 있다. 어느 시인의 말처럼 '사랑은 언제나 벼락처럼 왔다가 정전처럼 끊겨지는' 것인지도 모른다. 결국 온갖 종류의 사랑은 파멸을 예고한다는 남녀간의 사랑에 대한 불신의 표시라고 이해하기로 하자.

이 작품에는 남녀간의 사랑에 대한 조소가 엄연하지만, 그 중에서도 특히 여주인공으로 대변되는 여성의 경박성에 대한 경멸감이 농후하다. 그렇지만 한편, 파우스트에서의 '영원히 여성적인 것이 우리를 구원하리라.' 는 명제를 다른 작품에서도 여러 번 언급하는 걸 보면 작가는 그의 심리 밑바닥에 '진정한 여성'을 찾아 헤매는 순례자의 심정을 가슴 깊이 지니고 있는 것은 아닌지.

봄날은 간다

두 사람 사이에 사랑의 시작은 같았으나, 그 끝은 서로 다르게 왔다. 여자에게 사랑은 왔다가, 갔다. 짧은 봄날처럼. 그것은 사랑이 아니었을까.

"사랑이 어떻게 변하니?" 남자는 말한다.

그래도, 그러나, 그럼에도 불구하고, 사랑은 변한다. 사랑은 오기도 하고 가기도 한다. 사랑이 식은 여자에게 매달리는 남자는 고통스럽다. 바람소리 물소리를 녹음하려고 정지된 화면처럼 서 있는 남자에게 흔들리는 나뭇가지가, 흐르는 물이 이렇게 말하는 듯하다.

"인간에게 마음을 바치지 마라."

그래도 많은 시간이 흐르면 그도 이렇게 자신을 위로할 것이다. '중요한 건 우리가 그때 그 순간만큼은 서로 사랑했다는 것이다. 그녀가 자신의 감정과 자신이 고수해 온 삶의 양식에 충실하기 위해 이제 이쯤에서 우리의 사랑을 접자고 했다 해서 그녀를 탓할 수는 없다.'

두 편의 소설과 한 편의 영화 속에서 보여주는 남자 주인공들의 사랑의 모습은 끈질긴 집착, 너와 내가 공동운명체가 되지 않으면 안 되겠다는 절실함이다. 반면 상대 여자들에게 사랑은 허영일 뿐, 추구하는 실질이 아니다. 비단 이들 뿐만 아니라 많은 이들에게 사랑은 어디까지나 잠시의 미혹이므로 이내 깨어나고야 말고 원래의 자신에게로 돌아온다. 여기에 사랑의 한계 내지는 비극이 있다. 저마다가 꿈꾸는 세상에서의 이상이란 무엇이 되었건 – 돈과 사회적 지위가 되었건 아메리칸 드림이 되었건 타성적이고 도식적인 삶으로부터의 반역이 되었건 – 사랑이란 너울에 의해 쉽게 포기되는 게 아니니 사랑이란 얼마나 헛된 것인가. 인간을 그 근본에서는 그다지 바꾸어 놓지도 못하니.

그런데 그들은 왜 하필 이런 이야기를 작품의 소재로 하였을까. 그저 바라보는 것만으로도 스스로 충만해지는 사랑도 있지 않겠는가. 그들은 말하고 싶었을 것이다. '나는 알고 있다. 사랑이 영원하지 않다는 것을. 그러면서 한편 꿈꾼다. 사랑이 영원하기를.'

그러나 이렇게 어리석은 사랑을 할 수 있는 사람은 그리 많지 않다. 그러므로 개츠비는 이후로도 오랫동안 우리의 가슴속에 위대한 채로 남아있을 것이다.

어리석을지언정….

003

나이트클럽 참관기

■ 어두운 실내에 들어서자 유니폼을 입은 종업원들이 도열하여 우리 일행을 맞는다. 이름하여 성인나이트라고 한다. 비록 초행이라고는 해도 텔레비전 등에서 많이 보아 그다지 실내분위기가 생소하지는 않다. 30대 후반에서 40대, 50대로 보이는 손님들의 모습은 의외로 수수하고 평범하다.

무대와 플로어가 있는 곳에서 오색으로 휘황찬란한 조명이 싸이키델릭의 시끄러운 음악과 함께 명멸한다. 물론 나는 춤을 출 생각 같은 건 아예 꿈도 꾸지 않았다. 춤도 추지 못할 뿐만 아니라, 도대체 춤이란 것이 평소 내 생활 속 어디에 가당키나

한 일인가 생각했었기 때문이다. 그저 일행에 이끌려 억지로 오다시피 했으니 남들 춤추는 것 눈요기나 하려니 생각했었다.

그런데 그게 그렇지가 못했다. 사단의 큰 책임은 음악에 있었던 듯하다. 조명과 어우러진 쿵쾅거리는 음악은 묘하게 심장의 박동과 닮아 있어서 강력하게 사람의 마음을 들뜨게 하는 힘이 있었다. 게다가 플로어에 나와 있는 사람들의 춤 솜씨가 기대했던 것과는 달리 그다지 신통치 않았다. 예전에 조금 배웠던 에어로빅체조를 조금만 유연하게 적용하면 나도 저들만큼은 해낼 수 있지 않을까 하는 충동이 일어났다.

처음 시작이 어렵지 일단 음악에 맞추어 흥을 조금 내다보니까, 그렇게 즐거울 수가 없었다. 더구나 아무 형식과 규칙에 구애됨이 없이 그저 박자와 리듬에 몸을 맡긴다는 일은 상상했던 것 이상으로 후련한 카타르시스를 가져다주었다. 이후 한동안 주변 사람 모두에게 그날 나의 파격적인 행동은 다소 민망스러운 화젯거리를 제공하였다.

어쨌거나 그날 나는 즐거웠다. 살면서 이렇게 흥겨울 수 있는 경우가 얼마나 있으랴 싶었다. 그런데 뒷맛이 썩 개운한 것만은 아니었다. 우리 일행을 비롯해 많은 이들이 그곳에 첫발을 들여놓을 때는 어색하게 머뭇거린다. 익명성을 보장하는 낮게 깔린

어두운 실내의 분위기 속에서 사람들은 처음에는 다소 무안하고 쑥스러워 한다. 그다지 떳떳하지 못한 것이다. 그러나 시간이 감에 따라 점차 대담해진다. 그들은 아마 이 어두움과 환각 속에서 비로소 건조한 일상에서는 채워지지 않는 고독을 해소하며 갈망을 충족시키는 지도 모른다. 내가 느낀 거북한 감정의 기복도 어쩌면 그런 것이었으리라.

이곳의 대표적인 풍속도는 부킹이라는 것이다. 생판 모르는 남녀가 그 자리에서 의기투합하여 같이 술도 마시고 춤도 춘다. 사실 이 춤판이 원래 서양의 것을 본 딴것인 만큼 부킹도 예외는 아니다. 무도회라는 것을 영화에서 보면 외간 남자가 남의 여자에게 춤을 청하는 것은 자연스러운 에티켓이다. 그와 비슷한 것이 부킹이다. 그러니 서양 사람들이 당연시하는 것을 우리라고 안 될 이유가 없을 것 같다. 아니 어쩌면 멀쩡히 두 눈뜨고 자기 아내가 남의 남자와 껴안고 춤추는 걸 용인하는 서양 춤판이 더 웃기는 건지도 모른다. 하여튼 그러다 보면 자연스럽게 합석이 이루어지고 그 성사여부에 따라 시중들던 웨이터들에게도 성과급이 붙게 되는가 보다.

중국의 연변 동포들의 생활을 텔레비전에서 본 적이 있다. 손님을 초대해서 식사를 같이 하다가 어느 정도 분위기가 무르익어 누군가가 노래를 청했다. 청을 받은 얌전하게 생긴 젊은 여자는 의외로 전혀 스스럼없이 일어나 노래를 부르기 시작했다. 그녀가 "도라지, 도라지, 백도라지…."하고 민요를 부르니 너나 없이 모두 일어나 춤을 추었다. 보통 때도 그렇게 여흥을 즐긴다는 인터뷰의 부연설명이 뒤따랐다. 처음에 나는 무심코 우리와 너무 다른 그들의 모습이 생경하고 촌스러웠다. 그때 '아, 맞다. 우리 어렸을 때만 해도 저런 모습은 흔했어.' 하는 생각이 불현듯 떠올랐다.

우리 조상이 가무음곡을 즐기기로 유명했다는 위지동이전의 기록까지 거슬러 올라 갈 것도 없이 나의 유년시절에만도 사람들이 모이는 명절이나 잔치 때면 남녀 할 것 없이 덩실덩실 어깨춤을 예사로이 추었다. 농경사회를 영위하던 우리 민족은 유난히 춤과 노래를 즐기는 백성이었고, 그 원형이 고스란히 연변 한인들의 모습 속에 녹아 있다고 여겨진다.

그러나 우리는 이제 훤한 곳이나 개방된 장소에서는 춤과 노래를 즐기지 않는다. 노래는 노래방에서만 한다. 춤은 관광버스 안에서 그리고 카바레에서 춘다. 그리고 남편들은 그들끼리 즐기고 아내들은 또 여자들끼리 논다.

그러면 우리는 왜 연변의 한인사회가 지니고 있는 우리 본연의 모습을 잃어버렸을까. 자본주의와 평등사상이라는 서구사상에 양반문화가 덧입혀졌던 것에 그 원인의 일단이 있지 않을까. 그러한 의식변화의 와중에 우리는 성급히 서민의 정서를 저버렸던 것은 아닐까.

그런데 그것은 겉모습뿐이다. 몸에 안 맞는 옷 같은 양반의 너울을 버거워 하다가는 마치 잃어버린 꿈을 찾듯 어두운 구석으로 파고 들어가는 사람들이 이 도시에 넘쳐난다. 저토록 많은 명멸하는 네온사인의 유흥업소들이 그를 웅변으로 이야기하고 있다.

춤보다 더 솔직한 자기표현은 없을 것이다. 모든 예술은 자기표현욕구의 여러 가지 형태일진대, 문학은 언어를 미술은 오브제를 노래는 노랫말을 그리고 음악은 악기를 필요로 한다. 오로지 춤만이 다른 아무 것도 필요 없이 자신의 몸만으로 족하다. 이제는 우리도 '나이트' 클럽이 아닌 '데이' 클럽에서 어엿하고 의연하게 부끄러움 없이 아름다운 춤사위로 시름을 잊을 수 있다면 사는 것이 좀 더 즐겁지 않을까.

004

일부러 길을 잃다

■ 고만고만한 시멘트 건물들이 버스정류장 앞에서 나란히 키재기를 했다. 그 거리를 노후한 버스와 트럭들이 쿨룩쿨룩 해소기침으로 헐떡이며 내빼고 나면, 꽁무니에 흙먼지와 함께 검은 연기가 자욱했다. 희뿌옇게 번지는 매연 저편에는 논과 밭과 그리고 소달구지가 있었다. 이렇게 도심을 향해 뻗어있는 서울 외곽의 아스팔트길 이편과 저편은, 불과 도로 하나를 사이에 두고 도시와 농촌으로 확연히 모습을 달리하였다. 날림으로 세워진 도시는 어설프게 졸속을 드러내고, 풍상으로 납작 엎드린 농촌은 붉은 민둥산을 배경으로 남루를 걸쳤다.

집과 학교가 길 이편에 있는 아이들이, 평소에 길 저편으로 가보는 일은 드물었다. 초등학교 5학년의 여자아이들 다섯 명은, 그날 학교를 마치고 약수터가 있는 시골길로 나가보기로 했다. 뭔가 새로운 놀이를 찾으려고 두리번거리던 때였다.

멀리 구릉들을 두르고 시야 가득 펼쳐진 들판에 좁고 꼬불꼬불한 수로가 이어졌다. 아이들은 그 수로를 따라 벌판을 가로질러 이내 제법 수량이 풍부한 시냇물을 만났다. 냇물이 흘러온 쪽으로 경사가 급한 둔덕 너머를 차지한 저수지는 짙은 초록색 물감을 풀어놓은 듯, 미동도 없이 고요하게 잠겨있었다.

마침내 관악산 줄기 아래턱에 약수터가 나타났다. 앞자락이 제법 널찍하면서도 아늑하여 놀이터로 안성맞춤이었다. 여기저기 흩어져 있는 크고 작은 바위 중에서, 아이들은 가장 넓적하고 평편한 것 하나를 차지했다. 그즈음 아이들은 연극놀이에 열중하고 있었으므로, 책가방을 한 곁에 수북이 쌓아 놓고 그 바위를 노천극장의 간이무대로 삼아, 신데렐라와 장화홍련전이 적당히 섞인 연극을 공연하였다.

무대를 내려와서는 논둑과 밭고랑을 헤매며 한참을 신나게 뛰어다녔건만, 들꽃을 한 움큼씩 꺾어들었을 즈음, 종내에는 노는 것이 시들했어도 아무도 집에 가고 싶어 하지는 않았다. 해는 아직도 한 뼘이나 남아 있었는데, 어차피 날이 저물 때까지는 누구네 집에서도 아이들을 찾지 않을 터였고, 지금 집에 가봐야 갓난아기동생을 업어주든가 하는 귀찮은 일만 기다릴 것이었다.

메뚜기 사냥으로 소란스럽던 한 무리의 사내아이들이 우르르 어딘가로 몰려가버리고 나니, 갑자기 하오의 정적이 찾아왔다. 도대체 어른들은 다 어디로 숨어버렸을까. 벼이삭은 누렇게 영그는데 오늘따라 참새들도 어느 곳에서 포식을 하고 오수를 즐기는가, 간간히 서있는 허수아비들만 무료하게 먼 산 바라기를 하고 힘없이 흔들리는 깡통 소리에 오히려 사위가 적막했다. 짧은 순간 다섯 명의 조숙한 여자아이들은 동시에 궁리하는 눈빛이 되었다.

"우리 한번 길 잃어볼래?"

한 소녀의 제안에 여덟 개의 눈동자가 일순 반짝했다. 그 아이가 능선 쪽을 손가락질 했다. 저 능선너머 한 번도 안 가 본 곳으로 가보자고 했다. 들풀더미를 무슨 영예의 꽃다발쯤으로 가슴에 안고, 그들 다섯 명의 여자아이들은 한 줄로 나란히 낯선 길을 찾아들어갔다.

그리하여 그 가을날 오후의 숲길에 접어들게 되었는데, 나무한 그루 풀 한 포기 듬성듬성 성근, 그저 조용할 뿐인 산 속에서, 어지간히 놀이에 지쳤는지 긴장 때문이었는지, 아이들은 재잘거리던 것도 멈추고 좁은 오솔길을 따라 타박타박 걸었다. 미지의 길을 찾아 나선 소녀들의 모험은 그런데 싱겁게 끝나고 말았다. 얼마 가지 않아 숭실대학교의 뒷마당에 당도한 것이다. 다시 그들에게 익숙한, 길 이편의 도시로 건너온 것이다.

그래도 대학 교정은 그들에게 그럭저럭 호기심의 대상이 되기는 했으며, 마침 산책하고 있던 대학생 한 명과 말을 나누게 되었다. 그도 몹시 무료한 참이었던지, 얇은 눈꺼풀이 선량해 보였던 그는 아이들에게 썩 친절했다. 아이들은 여러 가지의 질문도 하고 그의 안내로 학교 이곳저곳을 구경하였다. 신학생이었던 그는 진지한 충고도 하였다. 조금 있으면 6학년인데 말만한 처녀애들이 어디를 이렇게 쏘다니느냐, 공부를 해야지. 여자애들은 그 말에 대놓고 시큰둥했어도, 그는 퍽 관대하여서 심심하면 다시 놀러 와라, 싱긋 웃어주었다.

그 교정을 나올 때, 낯선 세계에 한발 내디딘 기분이 나쁘지는 않았지만 막연한 기대감에는 한참 못 미쳤다. 그래서였는지 그 길 잃기 이후 아이들은 신학생의 충고를 받아들인 것은 아니지만, 아무튼 쏘다니는 것을 그만두고 다른 놀이를 시작했다. 연극

놀이는 아무래도 소꿉장난에 불과한 것 같아서 집어치우고, 좀 더 어른스럽고 멋진 일로 여겨지는 소설쓰기라는 새로운 놀이에 몰두하였다.

동시나 작문이 아닌, 줄거리를 갖춘 글을 한 편씩 쓰기로 했는데 능선 너머 길 잃기를 유도하였던 아이도 그의 첫 번째 소설을 시도하였다. "폭풍우가 몰아치는 밤이었다."로 시작하는 소설은 유괴사건과 삼각관계가 뒤얽힌 것으로, 소녀는 흥미진진하면서도 감동적이라고 자신하였다. 열심히 쓴 것을 수업시간 중에 아이들에게 돌려보이다가 선생님께 들켰다. 선생님은 그저 말없이 빼앗아 가셨다가 나중에 돌려주셨을 뿐 어떤 꾸중도 하시지 않았다. 그런데 소녀는 그런 선생님이 몹시 야속하였다. 수업 중에 딴 짓 한다고 야단을 치시더라도 글은 재미있었다는 말씀을 기대했던 것이다. 그때 아마도 내심 실망이 대단하였나 보다. 선생님에게 무시당한 소녀의 소설은 이내 주인으로부터도 버림을 받아 짧은 창작의 시대는 막을 내렸다. 이렇게 소녀의 두 번째 길 잃기도 맥없이 끝났다.

소녀는 우물터를 지나고 성황당 고갯길을 넘어 학교에 다녔다. 그 다져진 황토의 내리막길과 오르막길은, 어느새 시멘트로 메워졌다. 이제는 비가 내려도, 운동화에 진흙이 달라붙지 않아서 좋았다. 더구나 그 시멘트 길을 따라 시설이 훌륭한 목욕탕도 문을 열었으므로, 소녀는 목욕을 위해 멀리 가지 않아도 되었다.

단지 비가 많이 내린 다음 날이면, 길바닥을 뒤덮다시피 출몰하는 지렁이들이 성가셨다. 징그럽고 싫었다. 밟을까봐 겁을 내며 소녀는 지렁이들에게 짜증을 냈다. 뭣 땜에 이렇게 나와 도는 거야. 그래봐야 땡볕에 말라죽기 밖에 더하겠니. 그냥 편안하게 땅 속에 있을 것이지. 에구, 한심한 것들. 지렁이에게 길을 잃지 말라고 야단을 치면서 소녀도 더는 낯선 길을 찾아들어 길모퉁이를 돌면 무엇이 있을까, 궁금해 하지 않게 되었다.

친구들은 성적순으로 각각 다른 중학교에 진학하여 뿔뿔이 흩어졌으며 서로가 서로에게서 멀어져갔다. 이제 소녀는 학교에 가는 버스를 타기 위해, 초등학교 가는 길과 반대로 나있는 쭉 뻗은 신작로로 갔다. 넓은 길은 고갯마루로 이어졌다. 그래서 그 너머가 눈에 들어오지는 않았지만, 어차피 눈에 안 보여도 빤한 길이었다. 그리고 일단 고갯마루에 서면 오종종하고 궁색한 동네가 한눈에 들어왔다.

소녀는 신작로가 그다지 마음에 들지는 않았지만, 그렇다고 그 길에서 딱히 벗어나고 싶지도 않았다. 쉽고 편한 길을 그냥 걸었다. 그렇게 세상을 향한 안테나를 거두었다. 그때 그 아이는 '수고도 아니 하고 길쌈도 아니 하는', 일견 평탄할 것 같은 노정은 그저 착각일 뿐, 매일매일 노심초사하며 그다지 편안하지 않은 일상에 기대어 시간도 삶도 속절없다고 애석해할 줄은 꿈에도 몰랐을 것이다. 그렇더라도 끝내 길을 잃지 못하고야 마는 자의 막막하고 울울적적한 심사만은 어렴풋이나마 알고 있지 않았을까.

005

바람 한 자락에도 우수수 낙엽은 비처럼 쏟아지고

■ 위용도 찬란한 서해대교를 지나는 고속도로 덕분에 예전에는 서울에서 멀기만 하던 남도길이 무척 가깝게 다가온다. 부안의 변산반도를 일주하는 여정 속에서 일행 10여 명은 이 계절, 가을을 가슴 가득히 들여놓는다.

첫 번째 일정으로 찾아 간 부안읍 동문안과 서문안 당산의 할아버지 할머니 장승과 솟대들은 예전에는 동네의 초입에서 낯선 객을 맞았으련만, 지금은 숨은 듯 한 구석에 조용히 서 있다. 눈빛이 맑아 속진(俗塵)을 잊게 하는 인솔 선생님이 장승과 솟대에 대하여 자세하게 설명한다. 전라도 지방에는 이곳처럼 돌로 된 장승과 솟대가 흔하다고 한다. 솟대는 마을의 정신적 구심점으로 농경과 사교의 장이었다. 이곳에서 농사일정에 맞춘 당산제 등 여러 의식을 거치며 더불어 신명도 풀었을 우리 조상들의 조촐하고 단란한 공동체의 모습이 눈에 선하다.

2003년 11월 6일 목요일 오전 11시 40분, 부안 구암리 지석묘군 청동기시대 고인돌 앞에서 삼천년 전으로 마음자리를 옮겨본다. 거대한 거북이 모양의 이 무거운 돌을 옮겨놓을 때, 당시 사람들의 공력은 대단하였을 것이다. 내세적 염원과 현세적 성취욕을 이 한군데로 집중한 부족집단의 동기유발의 자취가 선연하다. 우리들 삶의 지향점이라는 것도 다 이렇게 거북이 한 마리의 형상을 가슴에 품는 일인지도 모른다. 예나 지금이나, 크거나 작거나, 각자 자기에게 어울리는 크기의 거북이를 안고 사람들은 가고 또 온다.

송도에 황진이가 있다면 부안에는 매창이 있다. 임백호는 그의 새 부임지로 가는 도중에 황진이 묘소에 들러 술 한 잔 따르고 "청초 우거진 골에 자는다 누웠는다."로 시작하는 시조 한 수를 바쳤다. 그 일이 조정에 알려져 그는 임지에 당도하기도 전에 관직을 삭탈당했다고 하는데, 우리는 빼앗길 관직도 없으면서 매창의 묘에 일별도 안 하고 지나친다.

황진이와 매창은 그들의 일생만큼 시(詩)세계도 대조적이다.

동짓달 기나 긴 밤을 한허리를 베어 내어
춘풍(春風) 이불 아래 서리서리 넣었다가
어른님 오신 날 밤이어든 구비 구비 펴리라.

황진이라는 한 여성의 면모를 잘 보여주는 시다. 당당하고 적극적이다. 그의 기상이 가상하다. 이에 비해 남도의 기생 매창은 연하고 가녀리다. 떠나가는 님의 소맷자락이라도 부여잡고 가지 말라고 한번 애원도 할 수가 없었나보다.

이화우(梨花雨) 흩날릴 제 울며 잡고 이별한 님
추풍(秋風) 낙엽(落葉)에 저도 나를 생각는지
천리(千里)에 외로운 꿈만 오락가락 하더라.

서른여덟의 나이로 세상을 등진 그의 애처로운 삶에 대한 회상에 얹혀 변산반도의 내륙인 내변산의 경치가 더욱 아름다워 보인다. 수목 우거진 산세의 틈틈이 바위절벽이 군데군데 심심치 않은데 비가 오면 흘러내리는 빗물 때문에 절벽이 마치 폭포처럼 보인다고 한다. 그 모습이 장관일 것 같다. 오른쪽에 산기슭, 왼쪽에 내가 흐르는 산길에 어느덧 남도에도 가을이 깊어 눈 가는 곳마다 잎 떨어진 감나무에 진홍빛 열매가 탐스럽다.

내변산을 벗어나 드디어 바다가 보이는 외변산이다. 바다에는 잿빛 안개가 엷게 퍼져 수평선을 감추고 있다. 멀리 가까이 원근을 그리는 섬들은 수묵화의 농담을 닮아 짙고 옅은 먹빛을 머금은 채, 아련한 윤곽선이 부드럽다. 해안 갯벌에서 편히 쉬고 있는 쪽배들이 막연한 감상을 불러일으킨다. 멀리 새만금 방조제가 하염없이 착잡한 사연을 쏟아내고 있다. 그를 배경으로 해변에 한 환경작가가 세운 일군의 솟대들이 아름다운 조형미를 보여주어도, 그 메시지는 씁쓸하다. 바닷가 빈들에서 까치가 혼자 분주하다가 후두둑 날아오른다.

다시 부안읍으로 들어와 맛깔스러운 전라도 갓김치의 향미 가득한 점심식사를 마치니 시간은 훌쩍 오후 2시를 넘긴다. 오전에 동문안 장승 앞에서는 한 할머니가 문화재 때문에 내 땅에 집도 마음대로 못 짓는다고 원망하는 소리를 들어야했는데, 차를 타고 이동하는 곳곳마다 노란 띠에 정부를 성토하는 격렬한 문구가 난무한다. 위도에 설치하려는 핵폐기장 계획을 반대하는 구호이다.

새만금 방조제 공사에 따른 엉킨 실타래도 그렇고 핵폐기장 설치 찬반도 그렇고, 시비를 가린다는 것이 그리고 산다는 것이 참

간단하지가 않다. 은행잎의 황금빛이 아무리 아름다운들, 인간사 억울함을 호소하는 노란 띠의 격렬한 구호들 앞에 여행의 취흥은 멈칫하지 않을 수 없다. 힘없이 한 발 비켜서 이런 문제들을 그저 산 보듯 강 보듯 경치겠거니, 바라보고 지나치는 우리들을 그곳 당사자들은 또 어떻게 바라볼 것인가.

다시 내변산으로 들어가 개암사와 내소사에 들린다. 두 절의 대웅전은 내소사가 보물 291호, 개암사가 292호다. 모두 다 아름다운데 굵은 기둥에 단청 벗겨져서 오히려 소쇄한 모습의 개암사 대웅전이 더 남성적이고 웅장하다. 반면 내소사 대웅전은 겉모습이 몹시 섬세하고 내부 장식이 화려하여 큰절답게 여러 가지 재미있는 일화를 많이 간직하고 있다.

내소사를 향하는 길에서 가을 단풍에 흠뻑 젖는다. 녹색의 젊음을 덜어낸 대신 곱게 단장한 잎새들이 바람 한번 닿으면 비처럼 쏴아 하고 쏟아지는 정경은, 늦은 오후 잔광을 맞아 색채의 향연이 눈부시다. 초록빛 신록이 처녀의 싱그러움이라면 단풍은 새색시의 성숙한 자태다. 산사로 걸어 들어갈 때 머리에 어깨에 내려앉는 이파리, 이파리들을 떨구기 아깝고 앞을 보고 걸어가면서 뒤에 두고 가는 정경이 아깝다. 산사의 풍경은 어쩌면 저렇게 현란한가. 그리하여 사바세계의 범접을 경계함인가.

오늘의 마지막 행선지인 채석강에서 대숲 속의 수성당을 본다. 절벽 아래 호를 이루는 이곳의 지형지물이 마치 신령한 존재를 숨겨 놓기라도 한 듯 기묘하여 으스스하다. 어느덧 해는 지는데 기대하였던 불타는 노을은 아니다. 모여드는 구름 없이 진홍빛 해가 동그란 윤곽도 선명하더니 그저 안개 뒤편으로 가라앉아 버린다. 뒤로 돌아서니 약간 이지러진 보름달이 벌써 말간 얼굴로 두둥실 솟아있다.

억겁의 세월을 바닷물에 씻겨나가는 아픔을 견딘 채석강의 바위들은 겹겹이 켜를 이루며 묵묵하다. 이 앞에서 우리 인간은 왜소할 수밖에 없다. 회 한 접시 앞에 놓고 새만금이고 방폐장 문제고 다 밀어놓고 오직 가고 없는 이를 불러 그를 위해 소주잔 높이 건배하였으니.

"매장을 위하여!"

부안을 뒤로 할 때 그녀도 이런 우리를 체념하여, 시 한 수로 작별하지 않겠는가.

그러나 어이하리, 이 좋은 시절,
잔 올려 님 보내는
아린 가슴을. 석숙

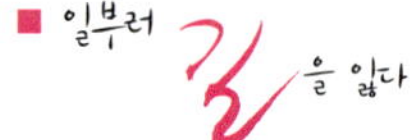

006

신 귀족론

■ A는 모 명문대학의 외국문학 교수다. 그녀는 또한 베스트셀러를 다수 내고 있는 소설가다. 뿐만 아니라 우리나라 유수의 번역가이기도 하다. 어느 해인가 그녀는 권위 있는 문학상과 번역가에게 주는 영예로운 상을 동시에 수상하는 기량을 과시하였다. 세상에는 이와 같이 경이롭게도 한 분야에서만 아니라 여러 영역에서 두드러지게 뛰어난 재능을 지닌 사람도 있다. 그녀는 나에게 선망의 대상인데, 나보다 나이가 겨우 한 살 많다.

B는 S대학 국문과를 나와 중학교에서 국어교사를 했다. 그런

데 두 아이를 출산한 후 고심 끝에 직장을 포기하고 이제껏 전업주부로 살고 있다. 나는 그녀가 평범한 아줌마로 안주한 모습이 애석해서 후회하지 않느냐고 물은 적이 있다. 그녀는 후회는 없는데 단지 조기퇴직을 하였기 때문에, 햇수를 채우고 연금을 받는 친구들을 보면 좀 부럽다며 웃었다. 그녀는 현모양처의 전형을 추구하여 소신껏 사는 사람이다. 그녀도 나보다 한 살 연상일 뿐이다.

나도 소위 전업주부다. 그런데 나는 그렇게 살고 싶어서 전업주부로 사는 것은 아니다. 그냥 별 재주도 능력도 없으니까 이렇게 산다. 시거든 떫지나 말 것이지, 모험심도 성취욕도 신통치 못해서, 이십여 년을 한결같이 남편에게 얹혀 피부양자로 살면서도 건방지게 나는 스스로의 사는 모습을 늘 시시하게 여긴다.

그런데 뜻밖에 나를 귀족이라고 우기는 사람이 나타났다.

"중산층 가정의 주부는 우리나라에서 신흥귀족입니다. 밖에 나가 돈벌이를 하기 위해 애쓰지 않아도 되니 그게 바로 귀족의 신분 아닙니까?"한다. 그의 주장에 의할 것 같으면 귀족의 개념은 원래 별게 아니고 직접 생산 활동에 종사할 필요가 없는 사람들을 지칭하는 것이란다. 게다가 작금의 편리하고 발달한 가전제품의 범람과 아파트라는 주거환경은 주부들을 가사노동으로부터 대폭 해방시켰으므로, 옛날 같으면 하인을 서너 명 두고 사는 폭이라는 것이다.

나는 주부가 놀고먹는 사람들이라는 그 사람의 시니컬한 주장에 굳이 반기를 들고 싶지는 않다. 여하튼 놀고먹는 덕분에 갑자기 귀족으로 신분이 격상된다면, 좀 더 본격적으로 귀족적인 삶에 대하여 탐구하고 주부로 살면서 항상 짊어지고 다니는 패배의식을 내려놓는 계기로 삼아야겠다고 마음먹었다.

예전에 서양의 귀족들은 대체로 무료한 생활을 하였다고 하지만, 특히 그들의 저녁 시간은 우리의 상상을 초월하여 지극히 지루한 일상이었다고 한다. 전기가 없던 시절이니 당연히 텔레비전도 라디오도 없었다. 그들이라고 허구한 날을 파티로만 지새웠던 것도 아니었다. 할 일은 없고 여가는 많았다. 공상으로 보내는 시간이 많을 수밖에 없었다. 그래서 계란 노른자로 황금을 만들 궁리도 하고, 밤하늘의 별자리도 쳐다보게 되었다. 그리하여 연금술이니 점성술이 발달하고 오늘날의 화학이나 천문학으로 이어졌다.

오늘날의 주부들은 그러한 면에서 닮은꼴이다. 다람쥐 쳇바퀴 돌 듯 하는 일상 속에서도 이들은 틈틈이 심심하고 지루하다. 그러니 한가와 여유를 누렸던 귀족들이 역사를 만들고 사회를 선도해 온 것처럼 이들 신흥귀족도 남아도는 시간을 사회에 기여할 수 있도록 모색해 볼일이다.

이즈음의 시대정신은 프로페셔널을 지향한다고 한다. 그러나 어쩌면 사람들은 생업에 구애됨이 없이 그야말로 귀족답게 유유자적 이런저런 하고 싶은 일에 손대 보며 살 수 있기를 오히려 더 바라고 있는지도 모른다. 아마추어리즘의 미학이라는 근사한 말도 있으며 질주하는 고속성장에 맞서 느림이라는 것의 성찰도 있다. 이토록 바삐 돌아가는 세상에서 내 마음대로 쓸 수 있는 시간이 넉넉하다는 것은 그야말로 귀족적이라 할 만하지 않은가.

아마추어가 가지는 장점은 여러 가지다. 우선 자기가 하고 싶은 일을 골라서 할 수 있다는 것이다. 게다가 누가 책임을 묻지도 않는다. 그저 방관자로 구경꾼으로 여유작작하게 살아가면서 두리번거려 보는 마음이면 족하다.

여기까지 신나게 생각의 갈피를 잡아가고 있다가 갑자기 시들하다. 아무래도 자신의 온전하고 드높은 세계를 구축하고 사는 A나 자기가 선택한 길에 당당한 B의 삶에 상응하는 치열한 정신이 없어서 맥이 빠지는 것이다. 역시 귀족은 아무나 되는 게 아닌가 보다. 신선놀음에 도끼자루 썩는다더니 되지 않을 귀족놀음에 평생직장이라고 안이하게 생각하던 주부자리에서나마 퇴출당할지도 모르겠다.

이때쯤, 내가 귀족의 꿈을 꾸는데 일조한 편리한 가전제품이라는 것들 중에서 대표 격인 세탁기에서 세탁 완료의 신호음이 울린다. 세탁기 안에 젖은 빨래를 너무 오래 방치하면 구김이 심하게 간다. 꿈도 너무 오래 꾸면 구겨진 빨래 꼴이 된다. 빨래를 탁탁 털어 줄에 널며, 그 위에 나의 꿈도 살짝 얹어 놓고 돌아선다.

007

하와유? 컴퓨터

■ 31살의 경환이는 27살의 수정이를 인터넷 미팅사이트에서 만났다. 경환은 컴퓨터를 오작교와 개천절로 정의한다. 오작교는 수정을 만나게 해주어서이고, 개천절은 하늘이 열려 나라가 세워지듯이 자기에게 수정나라를 세우도록 해주었기 때문이다. 컴퓨터가 사랑의 메신저 역할을 톡톡히 한 셈이다. 수정공주라는 닉네임을 쓰는 수정에게 컴퓨터는 꿈의 궁전이다. 미니 홈페이지인 싸이와 블로그에다 디카로 찍은 온갖 포즈의 사진을 올리고, 하고 싶은 말도 다 하고, 마음껏 낭만적인 주인공이 되어보는 것이 자칭 공주병 환자인 그에겐 더없이 즐겁

다. 일터에서의 대부분의 작업을 이 가상공간 속에서 해결하는 경환과 자신의 홈피를 꾸밀 때 가장 행복한 수정에게 사이버 월드는 기대에 찬 미지의 세계, 유토피아로 다가가는 관문이다.

반면, 세상 살기가 점점 힘들어지는구나, 내가 못 알아듣는 것들이 많아지는구나 하고, 자신을 간간히 자괴감에 빠지게 만든다는 것이 58세인 수정 아빠의 컴퓨터에 대한 소회다. 51세의 수정 엄마에게 컴퓨터는 꼭 필요한 경우에 한해서, 되도록이면 최소한으로 접하고 싶은 대상이다. 이들은 컴퓨터로 워드를 치고 이메일을 보내고 포털 사이트와 블로그에서 약간의 서핑을 하고 몇 가지의 서류나 문서작성 서식을 이용한다. 컴퓨터의 그토록 복잡다단한 기능 중에서 약 5%정도나 이용할까 하고 짐작하는 그들은 컴맹의 범주에 들어가서 별반 억울할 것도 없는 사람들인데, "한글 2002 후에 2년도 안되어 2004가 나오는 건 너무해. 그래도 한 5년의 시차는 두어야지."라고 불평한다. 그들로서는 끊임없이 새로운 것을 학습해야 시대에 뒤처지지 않는다는 것은 생각만으로도 몹시 피곤한 노릇이다. 기계란 것이 사람들의 일상생활을 편하게 해주는 기능이 최우선이어야 할 텐데, 이들에게 컴퓨터란 것은 뭔가 거북하고 부담스러운, 아무리 해도 도저히 친해지지 않는 존재다. 세상이 점점 삭막하게 기계화되고 있다는 환멸의 느낌에 즈음하여 디스토피아를 예견하는 쪽에 가깝다.

외국의 낯선 도시에 발을 디뎠을 때, 수정 모녀가 그곳에서 대응하는 방법은 판이하게 다르다. 엄마는 우선 지도를 펼쳐든다. 갈 곳을 정하고 교통편을 점검한다. 딸은 그런 엄마가 답답하다. 일단 버스에 적힌 행선지를 보고 냉큼 올라탄다. 엄마는 황급히 차에 오르며 그러다가 엉뚱한 곳으로 가면 어떡하느냐고 걱정한다. 딸은 그럼 내려서 다른 차로 갈아타면 된다고 간단히 대답한다. 수정은 엄마를 갑갑해 하고 엄마는 딸이 너무 무모하다고 여긴다.

디지털 카메라를 구입하고 나서도 비슷한 양상이 벌어진다. 엄마는 우선 매뉴얼을 살피고 하나하나 차근히 시도해 보려고 한다. 그런데 딸은 무작정 이것저것 눌러보고 찍어보기에 바쁘다. 엄마는 아무리 매뉴얼을 열심히 살펴봐도 잘 모르겠다는 표정인데, 그 사이 딸은 벌써 사진을 찍고 있다. 엄마는 매뉴얼을 접어놓고 딸의 설명을 청한다. 그렇지만 딸의 말과 동작이 너무 빨라 미처 이해를 못 하는 엄마는, 같은 질문을 여러 번 반복하다가 딸로부터 지청구를 듣는다.

이런 차이는 두 사람의 기질과 성격이 워낙 다르기 때문이기도 하고 세대차 때문이기도 하다. 그러니까 엄마는 매뉴얼에 의존하고 지침서를 필요로 하는데 딸은 설명을 듣기보다는 시도를 앞세우고 직접 몸으로 부딪쳐 피부로 깨닫는다.

컴퓨터라는 것에 이르러 그 양상은 더욱 명확하다. 엄마는 인터넷이라든가, IT, 정보 하이웨이 등의 구호가 일상화되어가는 전혀 새로운 세상을 맞이하여 이런 것들이 과연 인류를 환상이 현실로 탈바꿈되는 올더스 헉슬리의 멋진 신세계로 유도할 것인가, 메커니즘의 핵심을 쥐고 있는 소수사람들이 통제하는 조지 오웰의 1984년의 상황으로 몰아갈 것인가, 기능과 효용의 디지털이냐, 인간적 정서를 간직한 아날로그냐, 이분법적 공론(公論 또는 空論) 속을 헤매면서 한편 행동은 굼뜬 데서 오는 괴리에 후줄근하다. 그에 아랑곳없이 딸은 이미 그 세계에 체화(體化)되어 게임도 하고 뉴스도 접하고 쇼핑도 하며 그저 이용하기에 바쁘다. 갈등 없이 조건반사의 더듬이로 이 새로운 사이버세상을 척척 소화한다.

이제 빠르게 우리의 일상을 지배하기 시작한 컴퓨터는 그러나 여전히 경이의 세계이기도 하다. 이즈음 문학도의 수가 급속도로 늘어난 이유 중의 하나는 워드작업 중에 수정이 용이하기 때문이라고도 한다. 많은 이들이 컴퓨터가 없었다면 아마 작가가 되지 못했을 거라고 말한다. 게다가 이메일은 시공간의 제약이 없다. 뉴욕과 서울이 네트워크상에서 동시간대에 같은 공간을 향유하는 세상은, 백남준이 1984년 새해 벽두에 뉴욕과 동경을 대상으로 펼쳐 보인 비디오 쇼 '굿모닝 미스터 오웰'이 완벽하게 실현된 세상이다. 이즈음은 할리우드가 SF영화를 만들고 과학은 뒤미처 영화 속의 공상세계를 충실히 재현해 놓곤 한다. 픽션은 순식간에 논픽션이 된다.

얼마나 많은 사람이 그러한 세계에 동화되건 말건, 발전 속도에 현기증을 내건 말건, 이제 사태는 돌이킬 수 없다. 기원전과 기원후를 가르듯 컴퓨터의 등장이 시대구분의 분수령이 되리라고 한다. World Wide Web으로 대변되는 정보의 네트워크 속에는 하나의 아이러니가 엄존한다. 현대인은 개인주의의 다양성을 일껏 추구해왔건만, 이제 와서는 전체주의의 획일화에 함몰되어버릴 공산이 큰 것이다. 도시인에게 익명성은 든든한 보호막이었다. 하지만 정보화가 진행됨에 따라 사회조직은 더욱 촘촘하게 제반 삶을 조여 오며 우리의 일상을 지배할 것이며, 이 조직망의 구조 안에서 개개인은 백일하에 모습을 드러낸, 거미줄에 걸린 한 마리의 곤충처럼, 사생활을 압수당하고 몰개성 속에 신음하게 될지도 모른다. 그리하여 인간소외의 현상이 심화될 것이라는 우려를 자아낸다.

때로는 속 편하게 편리를 추구하기도 하면서, 발전 속도에 발맞추려 안간힘도 쓰면서, 진도를 따라가기 힘들어 비관적인 심정도 되어보면서, 이러한 인터넷의 바다에서 각자는 자신의 항해일지를 써 나갈 것이다. 이 바다에는 일엽편주도 있을 것이며, 타이타닉 같은 호화여객선도 심심치는 않을 것인데, 망망대해를 가르는 쾌재에 가슴 뿌듯할지, 멀미로 괴로울지, 좌초의 예감에 시달릴지, 여하간 이쯤에서 어느 항구에 닻을 내리고 항해를 멈추거나 항해 속도를 늦추거나 할 수는 없다. 과연 과학발전은 고삐 풀린 망아지의 날뛰는 모습과 닮았다.

컴퓨터가 파생시키는 무수히 새로운 언어를 익혀야 하는 세상, 깜박하고 저장하기를 클릭하지 않으면 순식간에 공들인 작업이 날아가 버리고, 삭제하기를 누르면 단번에 자취도 없어져 복구가 어려운, 명령수행에 어김과 차질이 허용되지 않는 세상, 간신히 하나를 익히면 뒤미처 새로운 것이 나타나 따라가기에 급급한, 가만히 제자리에 있지 않고 하루가 다르게 진화하는 기능 앞에서 항상 쫓기는 심정이 되게 하는 세상, 그렇게 일상화하면서도 정작 주요 메커니즘에 대해서는 어떤 방식으로 이 체제가 운영되고 있는지에 대하여는 문외한일 수밖에 없어, 그 확실한 실체를 일목요연하게 파악할 수 없는 데서 오는 무력감으로 허탈한 세상.

반세기 이상을 비교적 느린 걸음으로 소비한 세대에게는 이 무한질주가 위태롭게 여겨지는데 그들 앞을 여유만만 가볍게 비상하며 신인류는 외친다.

"우리에게도 앞선 세대들이 간직했던 꿈과 낭만, 사유와 성찰은 여전히 소중하답니다. 그러니 지나친 염려는 기우일 뿐, 이 무중력의 매력을 마다하지 마세요."

그러나 잃어버린 부피와 중량이 못내 아쉬운 구세대는 볼멘소리를 지르고 싶다.

"가상현실이 그치고 현실이 있게 하라."

전화번호가 바뀌었어요

■ 이사를 했다. 그리고 전화번호가 바뀌었다. 당연히 예전 이 번호를 쓰던 사람 찾는 전화가 빈번했다. 전화를 걸어오는 사람들은 예외 없이 남자들인데, 대략 중년은 넘어선 사람들로 짐작이 갔다. 그들은 내 설명이 부족해서인지 단번에 상황판단을 못하고 재차 전화하여 확인을 하곤 했다. 오늘도 예전 주인을 찾는 사람이다.

"저기요. 전화번호가 바뀌었거든요. 그러니까 지금 그분은 더 이상 이 번호를 사용하시지 않을 거예요."

"그렇습니까? 아니, 그런데 왜 갑자기 번호가 바뀝니까? 거

이상하네요."

전화를 끊고 돌아서려는데 다시 벨이 울렸다. 나는 또 고장 난 레코드판이 되어 같은 말을 반복했다.

"저희가요, 얼마 전에 이사를 와서 새로 이 전화번호를 쓰게 되었거든요. 그러니까 전에 이 전화 쓰시던 분의 번호도 다른 걸로 바뀌었을 거예요."

재차 전화번호를 확인하고 정말 번호가 바뀐 것이냐고, 자기가 번호를 잘못 돌린 것이 아니냐고 저쪽에서 묻고, 이쪽에서 답한 끝에 상대는 간신히 결론에 다다랐다.

"그러니까, 이 친구가 몇 달 연락 없는 사이에 이사를 갔나 보구먼요."

"글쎄요, 그건 잘 모르겠네요. 이사를 안 해도 사정상 번호를 바꾸기도 하니까요."

"네, 잘 알았습니다. 오래 귀찮게 해서 미안합니다."

"아니, 괜찮습니다."

아닌 게 아니라 약간 성가시기는 했다. 그렇지만 이 사람이 유난히 더 내 말을 못 알아듣는 데에는 따로 이유가 있을 듯해서 길게 말상대를 해준 셈이다. 친구가 번호를 변경하고도 자기에게 제때에 알려주지 않았다는 사실이 얼른 납득이 가지 않는 것 같았다. 섭섭한 마음이 낭패감으로 작용하여 현실파악을 방해하였을 수도 있겠다 싶어서 딱한 마음이 들기도 하였다. 하여튼 어지간히 말귀가 어두운 이로군 하고, 나도 모르게 목소리에 웃음기가 배인 채로 전화를 끊으려고 했다.

"저, 그런데 말씀입니다. 전화 받으시는 분이 어떤 분인지는 모르겠지만, 아주머니 같은데 어째 그렇게 친절하십니까? 짜증도 안 내고 여러 차례 설명을 잘 해 주셔서 정말 감사하네요."

"아, 네에. 당연히 잘 알려드려야지요."

"아니에요. 어떤 아주머니들은 댓바람에 화부터 내는 걸요. 얼마나 사나운 여인네들이 많은데요. 아주머니는 정말 좋은 분 같습니다. 복 많이 받으실 거요. 틀림없이 잘 사실 겁니다."

거듭해서 많은 복을 나에게 주고 그는 전화를 끊었다. 얼떨결에 주체 못할 정도의 복을 받은 나는 혼자서 실없이 마구 웃었다. 웃을 수 있다는 그것이 다름 아닌 복 아닌가.

009

일금 오천 원으로 봄을 사려다가

■ 어둑시근한 광화문지하도를 빠져나오는 모퉁이에 좌판이 펼쳐져 있다. '스타킹 1족 3,000원' 이란 팻말이 눈길을 끈다. 스타킹들이 모두 봄옷 차림에 어울리게 화사한 색깔과 무늬들로 곱다. 나는 끌리듯 좌판으로 다가간다.

"아저씨, 스타킹 두 켤레에 얼마예요?"

대뜸 대답이 안 나오고, 뜸을 들이다 퉁명스럽게 대꾸한다.

"6,000원이죠오."

길게 끄는 말꼬리에 쓸데없는 말 시키지 말라는 뜻이 담긴다. 갑자기 마음이 한가해지고, 장난기가 발동한다.

"그럼 세 켤레는요?"

"에이, 못 깎아줘요. 워낙 싸게 파는 거라서 남는 게 없거든요."

'네 켤레는요, 다섯 켤레는요.' 하고 몇 켤레 더 올라가 보려다가 그만둔다. 말 받아주는 사람의 서슬이 녹록치 않아서 김이 빠진다. 약속시간이 촉박하다고 마음속으로 핑계를 대고 이쯤에서 전의를 접는다.

'주인이 오늘 일진이 별로 안 좋은가보군. 다른 날이라면 옥신각신 되지도 않는 흥정에 신나서 너스레를 떨 때도 있을걸. 혹시 젊고 예쁜 아가씨였다면 우중충한 지하도생활에 빛을 내주는 값으로 천원을 깎아 5,000원에 두 켤레로 인심 쓰지 않았을까.' 하는 생각으로 구시렁거리며 두 켤레를 가방에 넣고서는 스타킹 값으로 5,000원을 셈하고, 천원은 꺼내서 속으로 '아저씨, 이건 팁이에요.' 하고 건넨다.

지하도를 벗어나자마자, 내가 왜 그렇게 기분이 좋았는지, 그래서 별로 값을 깎고 싶은 생각도 없으면서 실없이 흥정을 했는지 그 이유를 깨달았다. 반짝거리는 봄볕이 마구마구 쏟아져 내리고 있었던 것이다. 모처럼 찾아 온 햇살이 내 마음에 부린 조화 때문이었다. 이왕이면 좌판주인과의 대화가 이랬더라면 좋았을 걸. 그러면 그와 나는 가외의 선문답을 나누었을 텐데.

"아저씨, 두 켤레 사면 얼마예요?"

(봄이에요, 그쵸?)

"오늘만 특별히 5,000에 드릴게요."

(네, 정말 햇살이 따사롭군요.)

"어떤 스타킹이 제일 예쁜가요?"

(누구라도 붙들고 말 걸고 싶은 날씨예요.)

"다 예뻐요. 봄철에 어울리게 밝은 색으로 골라온 거니까요."

(네, 맞아요. 오늘 같은 날엔 모두들의 마음속에 행복만 넘쳤으면 좋겠어요.)

아, 봄인가. 이 화창한 날에 한없이 부풀어 올라 마냥 들뜨는 마음은 고무풍선 되어 높이 날고, 풍선 끈 놓칠세라 발걸음도 재서 날 듯 가볍다. 햇살로 따뜻해진 이마에 바람 한 점이 감미롭다. 바람에 실려 온 구름이 단비되어 대지를 적시면, 머지않아 나무에 순이 돋고 꽃이 피어날 것이다.

바람이 분다.

봄바람이.

일부러

길을 잃다

빈 방에 창문 하나

#3

001

흰 명주 천에 대한 기억

■ 공항에 내려 숙소로 향하는 버스에 오르자, 인솔자가 여행객들에게 일일이 하얀색의 긴 천을 목에 걸어준다. 티베트 땅에 막 발을 디딘 낯선 이방인에게 건네는 첫 번째 환대다. 언어가 미처 담아내지 못하는 다정함을 스카프 같은 얇은 천이 듬뿍 대신한다. 신체가 직접 닿는 서양의 악수나 상대와 멀찍하게 거리를 두는 우리의 절에 비해, 천이라는 소품이 등장하는 티베트인 특유의 인사법은 닿을 듯 말 듯 은근한 정취가 있다. '나는 당신에게 호의를 가지고 있으며, 또한 당신의 호의를 바랍니다.' 라는 의미가 무척 설득력 있게 다가온다.

불현듯, 자상하게 옷깃을 여며주던 어떤 이의 손길이 생각난다.

추억의 저장고 뒷전에서 먼지가 뽀얗던 기억 한 자락이 하얀 천 위로 살며시 드리워진다. 천을 가만히 쥐어 본다. 가슴속 파장이 자그맣게 동심원 서너 개를 그린다. 무엇인가 내가 귀 기울여 들어야만 할 말이 있는 것 같다. 이윽고 버스가 출발한다.

"방금 여러분 목에 걸어드린 것은 여게 말로 '하다' 라고 합네다."

조선족 처녀 안내원은 하다에 대한 설명으로 운을 뗀다. 아주 오래전에는 이 높은 고산지대가 바다 속 깊이 잠겨 있었다는 설명을 들으며, 차창에 스치는 초록색 융단이 펼쳐진 산악의 정경을 눈인사로 맞을 때, 스르르 미끄러지는 하다의 감촉이 손가락 사이로 산뜻하다.

사원에서 사람들은 부처님 전에 하다를 던지며 종교적 기원을 담는다. 자기 집에 들른 손님에게는 환영한다는 의미로, 또는 축하할 일이 있거나 행운을 빌어줄 때도 상대에게 하다를 걸어준다. 하다를 받게 되면 걸어 준 사람의 친절에 대한 답으로 한동안은 그대로 걸고 있는 것이 예의다. 또한 물건도 귀한 것이라고 여길 때면 하다로 묶어 놓는다. 그야말로 부처님도 걸고 사람도 걸고 물건도 거니 두루두루 안 쓰이는 데가 없이 성역과 속세를 아우른다. 우리말의 '-하다' 가 각종 행위를 포괄하듯이 티베트의 하다도 그들의 생활 속에서 아주 많은 것을 담아낸다. 주황색이나 노란색 등 다양한 색상의 하다가 있긴 하지만 그래도 흰 색이 가장 흔하다. 예전에는 비단으로 만들었겠고 한 시절 전이라면 인조견으로라도 만들었을지 모르지만, 지금의 이것은 화학섬유에 불과하다. 어쨌거나 맑고 차가운 대기 속에서 천은 가볍고 부드럽게 목에 감긴다.

티베트의 수도인 라사로 가는 길에, 야루짱부강을 건너 작은 사원에 들렀다. 절벽의 마애불은 채색단장이 화려하다. 색조는 우리의 오방색을 떠올리게 하지만 흰색이 많이 섞여 채도가 낮은 파스텔 톤이 부드러우면서도 화사하다. 그 부처님 상을 향해 기원을 담아 목에 걸고 있던 하다를 던지는 것이다. 그런데 나는 아직 그 천을 떠나보내기 싫었다.

저녁에 여장을 풀며 하다를 차곡차곡 접는데 다시 마음에 찰랑 파장이 일었다. 왜 그 아주머니가 생각났을까. 하다를 걸어주는 동작에서 옷깃을 여며주던 손길이 연상되어서였을까. 생각을 더듬다가 낮게 입속말을 했다.

"아, 그 명주."

신혼여행에서 돌아온 날 친정어머니가 곱게 접은 천을 꺼내놓으며 말씀하셨다.

"이거 너희 할머니께서 직접 누에쳐서 실 뽑아 짜신 명주야. 그런데 염색 안 된 흰 천이라 딱히 할 수 있는 게 없어서 그냥 가지고 있었거든. 네가 폐백 올릴 때 쓰면 안성맞춤일 것 같다."

할머니가 시어머니로서, 며느리인 친정어머니에게 자신이 가장 아끼던 것을 주셨을 것이다. 오래전에 받아서 보관해 오신 것이라고 했다. 눈처럼 흰 명주 한 감을 펼쳐놓으니 두둥실 뭉게구름 같았다. 매끈한 광택의 천은 바느질도 안 간 것이었으므로 나는 내 몸에 이리저리 둘러보며 천의무봉이라는 말을 떠올렸다.

맏아들인 나의 남편에 대한 꿈과 기대는 아들의 결혼식에까지 이어져 시어머니는 이것저것 챙기는 게 많았는데, 무엇보다 크게 마음을 쓴 일은 폐백이었다. 폐백만은 당신의 집 대청마루에서 고향인 평안도 식으로 받아야겠다고 작정하고 계셨다. 그래서 결혼식 후에 신혼여행에서 돌아와 친정에서 하룻밤을 묵고, 그 이튿날 시댁으로 가서 폐백을 올렸다.

폐백 드리는 날에 새색시가 입었던 녹의홍상(綠衣紅裳)은 함에 들었던 원단으로 마련하였지만, 빌려 입은 원삼족두리의 신부대례복은 그다지 훌륭한 것은 아니었다. 그렇지만 한삼 위에 두르고 있다가 시어른들에게 큰 절을 올린 후, 던져주는 밤 대추를 받을 때 넓게 펼쳐든 할머니의 흰 명주 천만은 당연히 아주 각별한 것이었다.

쪽진 머리에 비녀 꽂은 얌전한 차림새로 높이 고인 방석 위에 다소곳이 앉아 있는데 양쪽 어머니와 두루 친한 아주머니가 내내 옆에 앉아서 등도 쓰다듬고 옷고름도 고쳐 매만져 주며 하염없이 지켜보고 계셨다. 양가가 한 동네서 살던 사이에 사돈이 맺어진 연유로 둘러선 하객이 거의 나를 어린시절부터 보아온 사람들이었다. 그 아주머니도 그중의 한 분이어서 '어리던 것이 어느새 자라 시집을 가는구나.' 라고 생각하며 감회가 새로워서 그런 줄 알았다.

그런데 후에 들으니 나를 자신의 며느리로 삼고 싶은 나머지 이모저모 궁리가 많았다고 한다. 그 와중에 양가 어머니들에게 눈총도 어지간히 받았고 티격태격도 있었다는데 남편도 대충 알고 있던 일을 나만 새까맣게 몰랐다. 그 이야기를 나중에 듣고 나는 어이도 없고 이해도 안 되었다. 이미 딴 사람과의 혼사가 진행 중인 사람을 며느리로 삼을 생각이 과연 어떻게 들 수 있는지, 아무튼 그러니 나를 보는 눈길이 예사롭지가 않았을 것이다. 이 아이가 내 며느리가 될 수도 있었을 텐데, 내 며느리가 되었더라면 좋았을 걸, 속으로 생각하며 옆에서 이렇게 쓰다듬고 저렇게 보살펴 주셨구나, 나는 나중에 실소를 머금으면서도 그 마음을 되짚어 보았다.

아주머니의 마음이 아무리 애틋하였기로 영문을 몰랐던 나로서 가슴에 그리 깊이 각인될 리 없었다. 그렇지만 정작 소중히 간직했어야 할 명주천은 그만 살다가 무심중에 어디론가 사라져 버렸다. 가끔 살풀이춤을 볼 때면 옥색 치마저고리를 휘감는 흰 수건에서 예전의 명주를 떠올리며 '도대체 그 천이 어디로 사라졌을까.' 하며 잠깐씩 애석해 하였다. 그런데 오늘 하다가 목에 걸릴 때 그 아주머니가 나의 원삼 깃을 이리저리 여며주던 모습이 떠올랐던 것은 명주 천에 대한 기억이 하다에 겹쳐진 때문인가 본데, 왜 명주 천보다 먼저 아주머니의 손길이 생각났는지 모를 일이다. 이국에서의 예민해진 감수성은 때로 마술처럼, 스쳐지나간 한 조각의 기억도 소중한 추억으로 되새겨 주기도하나 보다.

라사의 사람들은 사원에 들러 의식을 행하는 것으로 그날의 아침을 연다. 자길사라고 불리는 이곳은 성역인 포탈라궁이나 조캉사원과는 달리 이 지역의 밑바닥 정서가 농밀하게 배어 있는 서민 신앙처다. 길게 줄지어선 사람들은 모두 손에손에 술과 향을 들고 있다. 술 냄새와 향내가 코를 찌른다. 향초다발을 통째로 사원 앞마당의 화로에 던지는 모습은 우리와 사뭇 달라서 대륙적이라고 할까 무모해 보이기도 한다. 사람들은 궁의 안마당 곳곳에서 공손히 오체투지(五體投地)를 하고, 산더미 같은 빈 병들 사이로 흘러내린 술이 흥건한 바닥을 딛고 사원 입구에 선다. 제단에 술을 바친 사람들은 이제 시주함이 놓여 있는 옆에 수북하게 쌓인 하다를 하나씩 빼어들고 수많은 부처와 보살이 모셔진, 미로 같이 좁고 컴컴한 사원 내부로 걸음을 옮긴다. 그들은 입구에서 가져온 하다를 어느 한 군데에 바친다. 이 어둡고 좁은 속에서도 부처는 하다에 둘러싸여 구름 위에 가볍게 정좌한 듯 편안한 모습이다. 법문을 외는 승려도 하다 더미에 파묻혀 속세를 멀리하여 생불의 모습일 듯도 하건만, 사원 안 여기저기 중생들이 바친 지전더미에는 고해를 헤쳐 가는 군상들이 품은 가녀린 그러나 강렬한 현세적 욕망의 자취가 적나라하다.

라사에서 시가체로 가는 길은 고지대답게 한결같이 민둥산이다. 노란색 유채화가 색감을 돋우는 드넓은 초지도 좋지만, 나는 특히 텅 빈 들판에 잡풀이 무성하고 크고 작은 나무들이 듬성한 황무지가 좋다. 강가의 산 표면은 스미지 못하고 흐르는 빗줄기 때문에 깊이 팬 물길을 드러내고 있다. 세로로 새겨진 주름살 같다. 가다보면 이 주름살을 타고 간간히 폭포처럼 흘러

내리는 가느다란 물줄기를 만난다. 햇빛을 받아 반짝이는 희고 가는 물줄기는 하다와 살풀이춤의 흰 수건과 잃어버린 명주 천을 두루두루 닮았다.

"당신은 과연 누구십니까?"

"나는 내 전생의 환생일 뿐이오."

한 한국인 철학자와 살아 있는 관세음보살이라는 달라이 라마와의 문답이다. 신으로 추앙 받는 그는 과연 어떤 전생들을 거쳤으며, 가파른 등성이에 매달리듯 모여 있어 드문드문 독특한 풍광을 연출하고 있는 저 양떼들의 전생은 또한 무엇이었을까.

윤회와 환생의 땅, 8천만 년 전에는 바다 깊숙이 누워 있던 땅, 4백만 년 전에 바다가 융기하면서 히말라야로 솟아난 땅, 그래서 지금도 그 시절의 모래와 자갈과 조개껍질의 퇴적을 고스란히 드러내고 있는 곳. 그러나 지금은 깊숙한 내륙, 바다는 멀고 오히려 하늘에 맞닿아 있는 이곳 티베트 땅에서 나는 자연도 윤회하는구나 하고 느꼈는데, 이 하다도 명주 천의 환생으로 내 손에 잡혀 있는 게 아닌가 생각되었다. 그러니까 내가 들어야했던 것은 그 명주 천에 대한 안부였나 보다. 예전에 명주를 지녔을 때의 나와, 삼십년을 지나 하다를 걸친 지금의 나는 얼마나 다를까. 아니, 얼마나 달라지지 않았을까. 이곳에서 잠시 그 세월을 건너뛰는 동안 할머니의 명주는 성심의 애정을, 아주머니의 손길은 연연한 애착을, 살풀이춤의 수건을 닮은 하다는 스치는 인연의 애상을 선연한 이정표로 내게 남겨주었다.

티베트 땅에 작별을 고하고 떠나올 때, 비행기에서 내려다본 만년설을 인 산봉우리들은 하얀 구름의 바다 위에 우뚝우뚝 솟은 장관이었다. 온 시야를 덮은 구름 떼는 어느새 수북이 쌓인 하다의 모습과 오버랩 되고 있었다. 그 하다의 더미 속에 나의 잃어버린 명주 한 가닥이 언뜻 스쳐지나간 듯하였다.

002

안으로 고이는 눈물

■ 누렇게 바랜 흑백사진 속에서 아이가 울고 있다. 어린 계집아이는 잔뜩 찡그린 얼굴은 앞을 향한 채로 상체를 비틀어 어떻게든 달아나려고 허둥대는데, 어지간히 겁이 실린 표정이다.

사진기 앞에만 세우면 막무가내로 울음보를 터뜨리던 아이. 시커먼 보자기를 두르고 요란하게 플래시를 터뜨리던 사진관의 카메라는 소심한 아이에게는 충분히 위협적일 수도 있었겠다. 그럴 수 있는 일이다. 그렇지만 보통의 카메라에도 놀라 기겁을 하는, 기억에는 없고 사진들로만 남은 서너 살 때 그의 모습은 답답하고도 안타깝다. 도대체 왜 그렇게 겁이 많았을까?

이 맹한 아이는 낯선 물건만이 아니라, 아주 조그마한 자극에도 민감하여 누가 자기 이름만 크게 불러도 이내 눈물을 뚝뚝 흘려서 식구들을 어이없게 만들곤 했다. 있는 듯 없는 듯 조용해서 키우기가 수월한 것까지는 좋았는데, 몸이 아파도 방 한쪽 귀퉁이에서 혼자 훌쩍일 뿐이어서, 어른들로서는 구석으로 숨어들기만 하는 활기 없는 아이가 마냥 딱했던 모양이다.

눈물이 흔했다고 해서 성격이 온순했던 것은 아니었다. 오히려 그와 반대로 사람들이 머리라도 쓰다듬으려 하면 쌀쌀맞고 매정하게 뿌리치고, 친한 몇 명 외의 동네 아이들에게 몹시 사납게 굴었던 것은 비교적 그의 기억에도 생생하다. 심리적으로 수줍음은 공포심의 한 갈래라고 하는데, 그 아이의 낯가림과 수줍음이 도를 넘었던 것으로 미루어 그 안의 공포심은 아마 대단히 컸을 것이다. 그러므로 아이의 눈물과 그의 공격적인 태도는 일견 상반되는 것 같아도 공포심을 이겨내는 자신만의 방편으로써 일맥상통하는 면이 있을 것이다.

초등학교 저학년 무렵이었을 것이다. 어느 날 식구들과 텔레비전의 드라마를 보고 있는데, 그 내용이 몹시 슬펐다. 정신없이 몰입해 있는 아이를 보면서 모두들 크게 웃었다.

"재 좀 봐. 뭘 안다고, 눈물을 철철 흘리네."

그 순간 아이의 자존심은 여지없이 무너지고 말았다. 놀림감이 된 자기의 눈물이 너무나 무안하고 창피하였다. 순식간에 눈물은 수치스러운 그 무엇이 되고 말았다. 그렇다고 그때 그가 이제 더 이상 사람들 앞에서 눈물을 보이지 않겠다고 단단히 결심을 했던 것은 아니었을 것이다. 그렇지만 그날 이후였던 것 같다. 사람들 앞에서 눈물을 보이는 일이 여간해선 없게 된 것은.

피하고 싶은 것 투성이의 세상에서 아마 그 즈음의 아이는 두려워서 비명을 지를 일도, 싫어서 도리질칠 일도 대신하였을 눈물을 참아야만 했다. 섣불리 자기의 심정을 나타내어 두 번 다시 웃음거리가 되고 싶지는 않았던 것이다. 눈물 흘릴 일이 많은 것도 힘든데 울고 싶다는 내색마저도 하면 안 되는 이중의 괴로움을 겪어야만 했다. 어린 아이는 점점 감정을 드러내지 않는 방법을 스스로 터득해 나갔을 텐데, 쉽지 않았을 것이다. 사람들은 눈물을 감추고 사나움만 내보이는 아이를 보며, 얼굴은 예쁘게 생겨가지고 인정머리가 없고 성격이 못돼서 귀엽지 않다고 했다. 그런 소심함과 배타성이 그 속에 자리 잡은 첫 번째 이중나선구조였다.

그러면서 사춘기에 접어들고, 그는 눈물뿐 아니라 사나움도 버린 대신에 무표정을 얻었으며, 안으로는 우울을 앓았다. 겉으로는 무감각한 척 무장을 하고 속으로는 자만심으로 똘똘 뭉쳐서 오기 창창하던 시기였다. 뭔가 심오하고 완벽한 것을 모색하고 있던 그가 세상에 대해 내린 해석은 당연히 매우 자의적인 것이었다. 세상은 거대한 벽이기도 했지만 한편으론 미흡하고 유치해 보였다. 겉으로 보이는 것과 진실은 거의 닮지 않았으며 생명은 공허하였다.

그는 그 안에 타인을 들여놓을 수가 없었다. 한 인간에게 내재하는 복잡한 소용돌이가 타인에게 제대로 파고들을 수는 없다고 단정을 내렸다. 온전한 이해와 소통에 대한 갈망과 절망 사이의 간극이 너무 크다는 것이 지극히 애석할 뿐이었다. 늘 자의식 과잉 속에서 마음이 상처를 입었다. 예민하고 여린 감성을 깊이깊이 숨겨놓은 채 그를 제대로 이해하지 못하는 주변 사람들을 냉랭한 시선으로 바라보곤 했다. 또한 속으로는 분명한 것은 하나도 없다고 여기면서, 겉으로는 더욱 단정적이고 단호한 태도를 취하려고 했다. 사람들은 이렇게 지독한 이중성을 키우고 있는 그를 복잡한 자기만의 세계에 갇힌 아이로 보았다.

그러한 이율배반들이 그의 두 번째 이중나선구조였다.

하여튼 어느 때 어느 서슬에서였는지 그는 그 사슬에서 벗어나 다소간의 명랑을 얻었다. 세상은 그다지 크게 두려워하거나 심각해할 그 무엇이 아니란 걸 알아챈 후에야, 세상에 대해 마음을 여는 법을 배우게 된 것이다. 고독의 무게가 버거워 항복해버리고 나니 사는 게 즐거워졌다고나 할까. 내밀한 고요 속에 그의 안식이 깃들어 있다고 생각한 것은 스스로에 대한 오해였다. 사람들 속에서 훨씬 행복하였고 그들의 사소한 관심과 배려가 고맙고도 기뻤다. 그의 뒤늦은 깨달음은 이렇게 찬란하게 왔다. 사랑하는 능력이 결여된 대신에 사랑받는 것에는 열심인 이기적인 모습으로.

그러므로 이번에도 또 다른 이중성이 자리 잡았다. 주변을 보듬으려는 노력 저 안쪽에서 그는 차갑게 가라앉곤 했다. 사람 말을 액면 그대로 받아들이지 않고 배후와 저의를 살피고 남의 생각을 넘겨짚고 앞질렀다. 이처럼 건조한 마음이 쉽사리 뜨거워지지 못하는 것은 어쩌면 일찌감치 허무를 익혀버린 탓인지도 몰랐다. 이 미진함이 그의 세 번째 이중나선구조였다.

눈물을 버리고 우울을 앓다가 오랜 잠에서 깨어나듯 음울함을 걷어내고 가까스로 찾은 명랑에는, 세상을 포용하지 못하는 속 좁음과 회피와 외면의 담장을 힘겹게 걷어 내고자 한, 내면의 오디세이가 있다. 그 여정에서 그의 자아가 그래도 조금씩 성숙해지지 않았을까. 이해라는 것, 관용이라는 것은 밖으로부터 구하는 것이 아니라, 그 안에서 먼저 우러나야 한다는 것을 비로소 알기는 알았지만 아직은 그저 아는 것으로 그칠 뿐이다. 사람의 속내가 잘 들여다보여서 상대의 마음을 읽는 법을 제법 아는 편이라고 생각하여, 되도록 타인의 입장이 되어 자신에게는 조금 더 엄격하고 남에게는 조금 더 관대해지려고 애도 써본다. 그러는 중에 어느 때엔가 이중나선구조는 그 꼬임을 풀고 편안해 질지도 모른다.

드디어 그러한 조짐의 기별을 누군가로부터 듣게 되었다.

"어머, 별 일이야. 저 나이에도 귀여울 수가 있네."

귀엽다는 말은 정작 어렸을 때는 못 듣던 말이다. 예쁘다고들 했던 어린 시절의 모습은 세월의 흔적만 남기고 사라졌지만 표정만은 밝아졌나보다.

그래도 그 안에는 애써 울음을 눌러 참던 아이가 여전히 남아 있다. 아직도 그는 비겁하여, 사랑이 찾아올까 봐 두렵고 그 사랑 앞에 눈물을 쏟게 될까 봐 더욱 두렵다. 아무래도 그 앞의 생은 이런 식으로, 끝내 미숙함을 떨쳐버리지는 못할 것 같다. 그렇더라도 밖으로 흐르지 못하고 안으로, 안으로 고이는 눈물의 힘, 그 순수가 그를 지탱할 수 있기를…. 서숙

003

안녕하세요, 까뮈씨

■ 당신의 아름다운 에세이집 결혼을 읽고 나서 나는 생각해 보았습니다. 어떻게 하면 우리는 행복을 누릴 수 있을까를. 나는 당신을 얼마만큼 이해한 것일까요?

사람은 누구나 행복해지기를 바랍니다. 행복이라는 추상명사는 인간이 추구하는 삶의 궁극을 표현하지요. 자신이 원하는 것을 충족시켜서 몸과 마음이 만족한 상태가 될 때 우리는 행복하다고 합니다. 그리하여 우리는 부단한 노력을 기울여 어떤 형태의 만족감을 쟁취할 수 있습니다. 그런데 그러한 만족감은 우리에게 그리 오래 머무르지 않습니다. 간신히 어떤 욕구가 충족되고 나면 곧 새로운 욕구가 생겨나기 때문입니다.

그러므로 역으로 진정한 의미에서 만족감을 느끼고 이를 행복한 상태로 이끌기 위하여 우리는 우리의 욕구를 차단할 필요가 있을 것입니다. 욕구를 차단한다는 것은 잡다한 것으로부터 우리를 구원하는 것을 말하지요. 이즈음의 인간은 너무나 많은 수사와 위장으로 둘러싸여 있어서 진실로 자기가 원하고 필요로 하는 것이 무엇인지 갈피를 잡지 못하기 쉽게 되었습니다. 우리는 이를 극복해야 합니다. 오로지 현실 앞에 투명한 모습으로 서서 그를 직시하여 현실에 대한 이해, 즉 스스로에 대한 이해의 길을 모색해야합니다. 그 어떤 과장이나 덧칠도 용납되지 않습니다. 감각을 예민하게 하여 자신이 진정으로 바라는 바에 대한 깊고 근원적인 깨달음이 있어야 하겠지요. 자기가 원하는 것을 성취하고자 하는 조심스러운 탐색은 절대적인 가치를 지닙니다.

소모적이고 낭비적인 방황에서 돌아서려면 '명징한' 의식을 필요로 한다는 당신의 지적은 절묘합니다. 살아 있음의 무모함, 그러나 살아 있다는 엄연함. 그것이 '명징성' 입니다. 사르트르는 "실존은 본질에 선행한다."고 했지요. 현실을 느끼고 현실을 이해하는 것. 중요한 것은 지금 현재입니다.

그렇다. 나는 현존한다.…이리하여 그에게는 모든 것이 오직 현재일 뿐인 것이다. 그렇지만 동시에 내일 역시 다른 모든 날들과 마찬가지일 것임을 알고 있는 사람 같기도 하다. 왜냐하면 한 인간에게 있어서 자신의 현존을 깨닫는다는 것은 곧 더 이상 아무 것도 미래에 대하여 기대할 것이란 없음을 뜻하기 때문이다.

–제밀라의 바람

그런데 우리의 소중한 현존은 도처에서 방해를 받습니다. '이렇게 해야만 한다.' 고 우리의 삶을 규정하는 제반 조건들은 때로 우스꽝스러울 정도로 이치에 닿지 않을 때가 많지요. 얼마나 많은 인류가 이러한 오류 때문에 불행을 겪었는지 모릅니다. 그러면서도 인류는 끊임없이 자발적으로 스스로를 얽어맵니다. 혹은 그러한 피학적 취미가 다분히 우리의 본능 한 구석에 자리하는 지도 모르지요. 이러한 노예근성에 의해 우리의 행복은 방해받습니다.

우리들이 '생각한다.' 고 할 때의 그 천박성, 그 깊이 없음, 또는 편협함에 대하여 한번 곰곰이 되돌아 볼 필요가 있습니다.

고정관념과 편견과 선입관을 걷어내는 일이 과연 가능하기는 한 것일까요? 대상에 대한 진정한 이해는 과연 가능한 것일까요? 이쯤에서 우리는 이념이라든가 신념으로부터 과감히 놓여날 필요가 있습니다. 그러한 것들은 총체적이고 원활한 사고방식을 지니게 되는 것을 저해합니다. 전관(全觀)은 좀처럼 쉽지 않지요. 당신은 정면과 프로필을 언급하나 뒷모습까지도 놓치지 말아야 할 것입니다.

비록 내가 진리를 원한다고 한들 결국은 썩어 없어지지 않을 진리를 무엇에다 쓸 것인가?…한 인간이 자기 삶의 내용을 이루던 것을 포기하는 것은 절대로 절망 때문이 아니라는 사실을 우리는 잘 이해하지 못한다.…그러나 명징한 정신이 어느 도(度)에 이르면 사람은 자기 가슴이 꽉 막히는 것을 느끼게 되고, 그리하여 반항도 요구도 하는 법 없이, 지금까지 바로 나의 삶이라고 생각했던 것, 다시 말해서 번다한 몸부림으로부터 등을 돌려버리는 경우도 있게 된다. –사막

현존 앞에서 진리가 초라하듯이 무상한 자연 앞에서 인류가

말하는 영원이라는 개념은 왜소합니다. 자연은 생명의 유한성을 일깨우는 스승입니다. 이 세상에 영원한 것은 없습니다. 그것은 하나의 관념에 불과할 뿐입니다. 그러므로 현실에 대한 통찰은 우리의 삶이 유한하다는 것을 깨닫는 일입니다. 이때 우리는 저 사막과 같이 마음을 삭막하게 만들 필요가 있습니다. 삶은 무모할 뿐입니다. 그 무모함을 견디어 낼 힘이 있는 자만이 진정으로 행복해 질 수 있습니다. 사막에 홀로 있는 것처럼 물 한 방울을 그리워하는 절실함이 필요합니다. 피렌체에서 모종의 사막을 만난 당신은 그러한 모습을 감동 깊게 보여줍니다.

여기서 문제의 핵심은 어떤 사막의 지도를 그려보려는 기도(企圖)라는 것을 여러분은 눈치 챘을 것이다. 그러나 그 이상한 사막은 자신의 목마름을 기만하지 않은 채 사막 속에서 살아갈 능력이 있는 사람들만이 아는 사막이다. 오직 그때서야 비로소 사막에서는 서늘한 행복의 물이 여기저기 솟아나게 될 것이다. –사막

마찬가지로 자연 앞에서 역사는 초라하기 그지없습니다. 역사는 자연을 이겨 본 적이 없습니다. 인간은 역사가 진행됨에 따라

한발짝씩 진보한다고 믿었던 시기가 있었습니다. 이러한 행복한 계몽주의의 시대는 그러나 전쟁과 광기의 혹독함을 경험하고 나서 그 종말을 고하였습니다. 그것은 커다란 착각이었음을 깨달음과 동시에 인간은 오히려 타락하고 있는 것처럼 여겨졌지요. 그 희망 없던 시절은, 돌아보면 인류에게 오히려 축복이 되어 주었습니다. 많은 고민과 성찰 끝에 인류는 이제 스스로 깨닫게 되었기 때문입니다. 인류는 발전도 진보도 없이 제자리에서 맴돌고 있다는 것을. 역사는 맹목입니다. 역사에는 정의가 없습니다. 그 역사를 잇고 있는 오늘날도 그러므로 무목적성에 함몰되어 있습니다. 삶은 무모합니다. 제반 가치들은 삶을 농락할 뿐입니다. 사르트르의 '무모한 정열'이나 당신의 '시지프의 신화'는 다 같이 이러한 사유의 연장선상에 있다고 여겨집니다.

당신은 마음의 진보라는 것은 아무 의미가 없다고 합니다. 진보 없는 삶에 무슨 희망이 있을까요. 당신은 희망 없는 그 시점에 삶의 의미를 부여합니다. 희망을, 다시 말해서 헛된 있지도 않은 허위를 던져버릴 때 그리하여 지금, 현재를 붙잡을 수 있을 때 우리에게도 행복의 서막이 열릴 수가 있는 것입니다.

인류의 온갖 악들이 우글거리는 판도라의 상자에서 그리스인들은 다른 모든 악들을 쏟아놓고 난 후에 그 중에서도 가장 끔찍한 악인 희망을 쏟아냈다. 이보다 더 감동적인 상징을 나는 알지 못한다. 왜냐하면 흔히들 생각하는 것과는 반대로 희망은 체념과 같은 것이기 때문이다. 산다는 것은 스스로 체념하지 않는 것을 의미한다.

–알제의 여름

인간은 온전하게 자기 자신으로 돌아오기 위하여, 즉 현존을 위하여 진리라는 개념도 영원이라는 이상도 회고할 만한 역사도 미래를 위한 희망도 다 버려야한다고 했습니다. 그 자리에서 우리는 비로소 온전히 고독해질 수 있습니다. 충만한 고독으로 우리는 정화되고 보다 명료하게 자신을 돌아보게 되는 것이겠지요. 이것이 자연이 우리에게 선사하는 최대의 축복입니다. 그러므로 자연 속에서 아무의 방해도 받지 않고 아무런 의식이라는 가식을 걸치지 않을 때 찾아오는 행복을 맞이할 수 있게 됩니다. 자연 앞에 서서 우리가 느끼는 최고의 감동은 살아있음에 대한 찬탄일 것입니다. 모든 생명 있는 것으로부터 느껴지는 약동에 몸을 맡길 일입니다.

내가 종일토록 기쁨을 누렸다는 사실이 유별난 성공으로까지는 아니라 할지라도, 어떤 경우에는 행복해진다는 것만을 하나의 의무로 삼는 인간조건의 감동적인 완수라고 여겨지는 것이었다. 그때야 비로소 우리들은 어떤 고독을 되찾게 되는 것이다. 그러나 이때 되찾는 고독은 만족감을 동반한다. －티파사에서의 결혼

인간, 아니 살아 있는 모든 것이 유한한 생명이라는 것을 잘 알고 있으므로 우리는 끊임없이 죽음을 떠올리게 됩니다. 죽음 뒤에 영생이라든가 내세가 마련되어 있다는 믿음을 상실한 대가로 그러나 확고한 자기주장을 갖게 된 사람들은 마땅히 우리의 일회적 삶에 대해 지극히 진지하든가 아예 도외시 하든가 두 가지의 해결책밖에 없습니다. 그러나 인간이 행복해지기 위해서는 모든 모호한 사태로부터 벗어나야만 할 것입니다. 즉 진지하게 그에 대한 해답을 자신의 내면으로부터 꺼내야 하는 것입니다.

이것은 곧 단순한 것은 무엇이나 우리의 이해능력을 초월한다는 증거이기도 하다. 청색이란 무엇일까? 청색에 대하여 어떻게 생각하는가? 죽음에 대해서도 대답은 마찬가지로 어렵다. 죽음에 대해서 그리고 색채에 대해서 우리는 자기주장을 내세워 토론할 거리가 없다.…그때 나는 꽃, 미소, 여자에 대한 욕망을 생각해 본다. 그러면 죽음에 대한 나의 모든 공포는 삶에 대한 질투에서 온다는 것을 알아차리게 된다. 나는 내가 죽은 뒤에도 여전히 살아 있을 사람들, 꽃과 여자에 대한 욕망이 살과 피로 된 의미를 갖고 있음을 실감하고 있을 사람들에 대하여 질투를 느끼는 것이다. -제밀라의 바람

우리는 이제 희망도 없고 기대도 없습니다. 오직 현존이 있을 뿐입니다. 오로지 지금 살아 있음이 중요하고 현실만이 가치가 있습니다. 이제 단 하나의 진실에 도달한 듯합니다. 마음을 간단히 정리하고 보면 인간사의 어리석은 노정이 잘 들여다보입니다. 허상에 속게 되면 우리는 거짓 행복에 매몰될 수밖에 없습니다.

저 돈담무심한 태도, 희망을 품지 않는 인간의 저 위대함, 저 영원한 현재.…토스카나의 화가들이 관심을 두는 것은 육체이지 운명이 아니다. 예언적인 회화란 존재하지 않는다. 희망을 가져야할 까닭을 얻으려고 찾아가야 할 곳은 미술관이 아니다. –사막

인간 실존에 반하는 것에 대하여 당신은 격렬히 반항합니다. 당신의 반항은 삶의 전 과정에 걸쳐 있습니다. 희망과 죽음, 존재와 정신에 대하여 새롭게 느끼고 새롭게 정의 내리고자 애씁니다.

오늘까지도 나는 무용함으로 인하여 내 반항의 그 무엇이 의미 없어진다는 것인지 알 수가 없다. 오히려 삶이 무용하기 때문에 반항은 더욱 의미가 있다는 것을 나는 확실히 느낄 수 있다. –사막

그 반항의 가운데 당신이 맞닥뜨리게 되는 것은 참신한 아름다움에의 경의입니다. 당신은 이것을 진실이라고 부릅니다. '수도원에 핀 철 늦은 작은 장미 꽃송이들로부터 피렌체에서 만난

엷은 옷 속에 젖가슴이 자유롭고 입술이 촉촉한 여인들' 에 이르는 하나의 진실 말입니다. 이런 식으로 우리가 아름다움에 대하여 감응하는 것을 사랑이라고 할 수 있을 것 같습니다. 이는 어느 대상에 대한 애착을 의미하지는 않습니다. 나의 현존이 소중하고 의미 있는 만큼 다른 모든 존재들도 있는 그대로의 상태에서 교감을 누릴 수 있으며 이때 찾아오는 지극한 행복에 대하여 의미를 갖게 되는 것입니다.

어떤 땅과 맺고 있는 관계, 몇몇 사람들에 대하여 사랑을 느낀다는 것, 가슴이 제게 맞는 조화를 찾을 수 있는 어떤 장소가 있음을 안다는 것, 한 사람의 얼마 안 되는 일생에 있어서 이만한 것이면 벌써 많은 확신이라 할 수 있다. —알제의 여름

인간의 참모습은 그 정신에 있지 않고 그 현존에 있습니다. 진실은 역사에 있지 않고 현재에 있습니다. 선악의 기준을 넘어 약동하는 생명력은 더욱 고귀합니다. 진정한 아름다움은 단순함에 있습니다. 즉 '육체와 순간이라는 이중의 진실, 저 아름다움의 스펙터클에 매달리는 것' 입니다.

여기서 나는 사람들이 영광이라고 하는 것이 무엇인지를 깨닫는다. 그것은 거리낄 것 없이 사랑할 권리. 이 세상에는 사랑이란 단 한가지뿐이다. 여자의 몸을 껴안는다는 것, 그것은 또한 하늘에서 바다로 내려오는 신기한 기쁨의 빛을 자신의 몸에 껴안는 것이다.

–티파사에서의 결혼

'세계로부터 나에게로 사랑이 태어나 이어지게 하는 저 화합과 침묵' 속에 누구도 두려워하지 않고 누구에게도 방해받지 않으면서 순간순간이 우리에게 가져다주는 것을 깊이 들이마시는 법을 배워야 합니다. 그러한 기쁨을 누리기 위해서 우리는 자연 속에 자신을 누입니다. 바다가, 산이, 돌무더기의 폐허가, 인간에 대해 그들의 승리를 뽐낼 때 그를 시기하지 말 일입니다. 그렇기는커녕 그들의 영광을 더욱 빛나게 하기 위하여 기꺼이 나의 존재를 그들 속에 묻습니다. 그러면 그 속에 무한한 일치의 기쁨이 흐를 것입니다.

한 인간이 자기의 마음이 깨끗하다고 느끼는 것은 자주 있는 일이 아니다. 그러나 그런 느낌이 드는 순간에는 적어도 자기를 그토록 기묘하게 순화시켜준 그 힘이 진실이라고 부르는 것이 그의 의무다. -사막

이제는 더 이상 시지프도 미래에 대한 희망이라는 악몽 때문에 바위를 들어 올리지는 않을 것입니다. 또한 당신도 격렬한 반항을 끝내고 안식하리라 믿습니다.

이 풍경이 내게 차근차근 가르쳐주는 위대한 진실은 바로 정신이란 아무 것도 아니라는 것, 마음도 아무 것도 아니라는 것, 햇살이 따뜻해진 돌, 혹은 하늘에 구름이 걷히면서 흠씬 키가 크듯 위로 솟구치듯 한 시프레 나무, 바로 그것이 '이치에 맞다' 라는 말이 의미를 가질 수 있는 유일한 세계를 금 그어주는 경계선이라는 사실이다. 유일한 세계란 다름 아닌 인간이 없는 자연 바로 그것이다. 그리하여 이 세계는 나를 무화(無化)한다. 그것은 나를 저 극한에까지 떠밀어간다. 세계

는 분노하지 않은 채 나를 부정한다. 피렌체의 들판 위에 내리는 저녁 빛 속에서 나는 어떤 예지를 향하여 나아가고 있었다. 내 두 눈에 눈물이 괴지 않았더라면, 내 속을 가득 채우는 시의 소리 높은 흐느낌이 세계의 진실을 잊어버리게 만들지 않았더라면 모든 것이 이미 다 정복당해 버린 것과 같은 그 예지의 나라를 향하여.

–사막

004

푸생을 사모함

■ 런던의 본드스트리트 지하철역 주변은 도심 한 복판으로 화려한 쇼핑거리이다. 하지만 셀프리지백화점을 끼고 한 블록만 들어가도 도시의 소음을 뒤로하고 비교적 한적하다. 산책로처럼 고풍스럽고 조용한 길을 조금 더 걸어 들어가니, 단아한 이층 건물이 시야에 들어온다. 한 귀족의 저택이 고스란히 미술관으로 변모한 월러스 콜렉션(Wallace Collection)이다.

방마다 주로 로코코 시대의 화려하고 장식이 넘치는 공예품과 가구들로 꽉 차 있다. 화려함이 극치를 이뤄 금빛으로 찬란한 소장품들 앞에서 나의 심미안은 약간 착잡해지기 시작한다. 초상화로 일가를 이루었던 영국의 미술관답게 크고 작은 초상화들이 수없이 많은 방을 건성 스치듯 지나니, 아마 이곳에서는 제일 큰방이려니 싶은 긴 방이 나타났다.

루벤스를 포함하여 무르익은 바로크시대의 그림들을 차례로 보아나가는 중에, 유독 깔끔하고 소박한 그림 하나가 눈길을 끈다. 퍼뜩 혹시나 하는 기대감으로 가까이 다가갔는데, 역시 나의 추측이 맞았다. 니콜라스 푸생(Nicolas Poussin)이었다. 이건 참으로 기대하지 못했던 일이다. 바로크의 화려함과 로코코의 과다한 장식으로 둘러싸인 이곳에서 그를 만나다니, 반가움에 가슴이 벅찼다. 의외로 간결하고 단정한 그의 그림이 오히려 한결 돋보이는 것이다.

〈시간의 군무 (A Dance To the Music Of Time; Il Ballo della Vita Humana; 1635-6)〉를 제목으로 하는 그림의 한 가운데에는 각각 차림새가 판이한 네 사람이 손에 손을 맞잡고 춤을 추고 있다. 뒤편의 사람은 몹시 누추하고 맨발이다. 정면의 인물은 옷차림과 머리장식이 대단히 호사스럽다. 때는 바야흐로 여명의 시간인가 보다. 그림의 위쪽으로 태양신 아폴로가 수레를 몰고 새벽의 여신 오로라를 앞세우고, 시각의 여신들을 뒤따르게 하며 동쪽으로 달려가는 모습이 아슴푸레하다. 왼편에는 과거와 현재를 동시에 보여준다는 야누스의 두 얼굴이 새겨진 석상이 서 있다. 오른 편에는 날개를 단 노인이 악기를 들고 음악을 연주하고 있다. 그림 하단의 좌우에 있는 어린 천사 두 명 중 한 명은 모래시계를 들고 있고, 한 명은 비누방울 거품을 만들어 내고 있다.

춤을 추며 돌고 있는 인물들은 각각 가난과 노동과 부와 쾌락을 상징한다. 인류는 원래가 가난했다. 어쩌면 최근세까지의 인간의 역사는 동서고금을 막론하고, 어떻게 하면 배고픔을 해결할 것인가를 찾아 헤매는 처절한 투쟁의 여정이었는지 모른다. 이럴 때 근면은 최대의 미덕이다. 가난에서 벗어나기 위해 열심히 일한다. 노력은 헛되지 않아 어느 정도의 물질적 여유가 가능하게 된다. 곳간에서 사(邪)가 생긴다고 했던가. 인간은 부가 쌓이면 절제와 근검의 도덕률에서 자유로워져서 향락을 추구하게 된다. 그렇게 되면 너무나 쉽사리, 간신히 빠져 나왔다고 여겨지는 가난 속으로 한 순간에 몰락하고 만다. 이 그림은 그와 같은 인간사의 어리석고 헛된 노정에 대한 알레고리이다.

악기를 연주하는 노인은 시간을 상징한다. 그는 끊임없이 되풀이되는 삶을 한결같은 어조로 노래하고, 주인공들은 그 음악에 맞춰 빙빙 맴을 돈다. 아기들이 들고 있는 모래시계와 비누방울은 인생무상(Vanitas)과 생자필멸(Mortality)의 표상이다. 모래시계는 삶의 유한성에 대한 비유이면서, 또한 세상사는 변함없이 반복한다는 암시이기도 하다. 반짝 영롱하게 빛나다가, 이내 스러지고 마는 비누방울은 덧없고 허무한 삶을 나타낸다.

나는 푸생을 도판을 통해서 처음으로 만났다.〈아르카디아의 목동들〉은 그림 자체도 기품 넘치는 아름다움으로 나의 마음에 각인 되어 있거니와, 그림 속 묘석에 새겨져있는 글이 주는 의미가 각별하다. '아르카디아에도 나는 있다.(Et in Arcadia Ego)' 이보다 더 아름다운 삶과 죽음에 대한 알레고리는 없을 것 같다.

곰브리치 미술사 중에서 한 토막.

"나(Ego), 즉 죽음은 목가적인 이상향인 아르카디아에도 의연히 군림한다는 뜻이다. 카라치와 레니의 뒤를 이어 신고전주의적(Neo-classical) 방침으로 순수함과 아름다움의 세계를 표현한 그는 아카데믹한 거장들 중 가장 위대한 사람이다. 그가 추구했던 구도의 단순함은 심오한 미술적인 지식에서 생겨난 것이다. 그러한 지식만이 죽음의 공포가 말끔히 가신 조용한 휴식의 이러한 회고적인 정경을 불러일으킬 수 있는 것이다."

지난여름 로마 외곽의 대평원인 캄파냐(Campagna)를 지나칠 때 나는 당연히 그를 생각하고 있었다. 말하자면 캄파냐는 내게 푸생과 동의어다. 나는 어렴풋하게나마 그의 심정을 이해할 수 있을 것도 같았다. 경치가 아름다움의 극치를 이룰 때, 우리에게 다가오는 느낌은 어쩌면 생의 찬미가 아니라 죽음의 성찰이 아닐까. 니스와 모나코 같은 곳에선 오직 삶의 환희가 저절로 느껴지는데, 이곳 옛 삶의 터전에선 어쩐지 죽음을 떠올리는 것이 보다 자연스러울 듯하다. 지중해의 알맞게 달구어진 해변은 즐겁고 유쾌하다. 그러나 여기처럼 허허벌판에서 작렬하는 태양 앞에선 모든 것이 빛바래지는 느낌이다. 올리브나무 이파리가 은빛으로 펄럭이는 아래 적막한 고요가 가슴을 파고든다.

그의 그림들은 한결같이 역사의 향기가 스며있는 이곳 로마에서, 세월의 무게를 느끼며 깊은 사색의 한 가운데 생을 초극하는 그 어떤 깨달음 속에 탄생되었다고 여겨진다. 인간 존재와 삶의 유한성에 대해 그는 끊임없이 묻고 답하는 듯하다. 그리하여 그는 자못 깊은 명상의 세계로 조용히 우리를 인도하는 것이다.

처음 그의 작품을 실물로 접하기는 런던의 내셔날 갤러리에서였다. 딸아이가 그곳에서 공부했던 동안 여러 번 런던을 방문할 기회가 있었는데, 그럴 때마다 될 수 있으면 많은 시간을 이곳에서 보내곤 했다. 이곳은 연대별로 정리가 잘 되어 있고 컬렉션의 질도 우수하여 그림공부하기에는 제격이다. 인상파 이전의 어느 시대 어느 특정 화가의 작품도 감상이 가능하기 때문이다.

그곳에는 특히 푸생의 방이 따로 마련되어 있다. 우선 그의 작품의 특징인 단아하고 절도 있는 구도와 선이 마음에 든다. 선명한 파란색은 베네치아파의 그림들 못지않고 아름답게 조화를 이룬 삼각형의 구도는 미켈란젤로의 그림이 갖는 완벽함을 닮았다. 그의 작품세계는 한마디로 절제와 조화라고 말할 수 있다. 심지어 춤추는 장면 등에서 움직임의 역동성을 표현해야 할 때조차도 이러한 절도와 균형은 고집스럽게 유지된다. 고전주의가 지향하는 엄격성 때문이다. 그는 당대를 풍미하던 바로크를 도외시하고 오로지 고전주의의 기법만을 고집했던 것이다. 그런데 나는 한사코 그의 이러한 고지식함이 좋다.

일찍이 라파엘로에게 심취하여 로마로 갔던 그는 당시로는 문화 후진국이었던 조국 프랑스에서 잠깐 궁정화가로 활약한 후, 다시 로마로 돌아가 그곳에서 여생을 마쳤다. 조국을 등지고 로마에 정착하여 그가 추구한 것은 사라져버린 옛 그리스 로마에 대한 동경이었다. 당시 로마의 경치에 예전의 신화를 멋지게 오버랩 시켜서 예술과 철학과 미학과 인생이 녹아드는 그림을 그렸다. 이곳에 비치된 작가연표에서 발췌한 푸생에 대한 언급이다.

"아름다운 정경 위에 펼쳐지는 신화와 종교적 이야기가 그의 그림의 주를 이룬다. 풍부한 인문 교양적 소양으로 그는 고전주의의 전범(典範)을 이루었다."

이제 그는 '가장 지적인 화가이면서 가장 시적인 화가' 라는 최고의 찬사를 누린다. "영국인들은 그의 신화적 소재가 지니는 심미적이며 서정적인 면을 사랑하고, 프랑스사람들은 그의 그림이 내포하는 지성적이며 철학적인 테마에 더욱 비중을 둔다."고 한 평론가는 이야기한다. 한 인간이 그의 내면에 시정(詩情)과 지성을 고루 갖추고 그 균형감각에 넘치고 처짐이 없다는 것에서, 그는 나의 이상(理想)이다.

그는 1594년에 태어났는데, 내가 태어난 해보다 꼭 360년 전이다. 그러니까 같은 갑오년 생으로 말띠다. 대단한 발견이나 되는 듯, 아무튼 그와 나 사이에 시공을 건너 공통점이 있다는 것이 반갑다. 그에게 다가가 닮고 싶은 이처럼 간절한 마음에서.

005

빈 방에 창문 하나

■ 질박한 모습의 탁자 하나가 홀로 창가에서 빈 방을 지키고 있다. 창문으로 빗겨 들어온 햇빛이 탁자 위에 머물러 있는 정적을 가만히 비춘다. 적막감이 감도는 방을 둘러싸고 있는 탈색한 흰빛의 사면 벽은 불과 벽돌 한 장의 두께로 市井을 이렇듯 멀리한다. 이곳에 차례로 한 사람씩 잠시 들러, 그 한가함이 전하는 바가 마치 꿈속처럼 은은한 속에서, 그윽하게 응시하는 눈빛이 되었던 여인들이 있었다.

그들이 조용히 떠나가고 나서 400년의 시간이 흐른 후, 신기하게도 많은 이들이, 그 여인들이 남겨놓은 자취를 바라보며 고스란히 그때 그 인물들에게 동화되는 심정이 되곤 한다. 그리하여 이 정경은 우리를, 그저 바라보는 것으로 족한 관조의 마음 자세로 이끌다가 드디어 말할 수 없이 아늑한 행복감에 잠기게 한다. 그러면서 한편, 보이느니 텅 빈 방에 그저 한 여인이 있을 뿐인데 과연 이렇듯 더없이 포근하고 따스한 정감이 고요히 가슴에 차오르는 듯한 안온한 느낌은 어디에서 연유하는 것일까 하며 가만히 고개를 갸우뚱해보는 것이다.

그러한 장면들 중에는 식사 준비 중에 우유를 따르고 있는 처녀의 모습도 있고 창문을 열고 창가에서 서성이는 부인도 있다. 레이스 뜨기에 열중하고 있는 소녀도 있고 피아노의 전신인 하프시코드를 연주하는 아가씨도 있다. 먼 곳에서 보내온 편지를 읽거나 그리운 이에게 답장 쓰는 일에 공을 들이는 부인도 있다. 이 여인들은 그저 사소하고 평범한 일상에 볼누할 뿐 심오하거나 난해한 것에 매달려있는 것은 아니다. 도피나 은둔을 꿈꾸는 것은 더욱 아니다. 세상에 대해 그들의 마음이 열려있다는 것을, 늘 밝은 햇살이 스며들고 있는 작은 창문으로 짐작할 수 있다.

이 심상한 실내정경 속에는, 우리가 자신도 미처 깨닫지 못한 채로 가슴깊이 간직하고 있던 조촐하나 끈질긴 소망이, 태피스트리가 만들어내는 우아한 주름들 갈피에 나지막이 드리우고 있는 듯하다. 그러한 소망에 대하여 어떤 이가 전하기를 우리 인간이 살면서 간단없이 분주하게 뭔가를 추구하는 듯이 보여도, 기실은 심저에 늘 내밀하고 고요하며 간결한 생애의 념(念)을 간직하고 있기 때문이라고 했다.

이렇게 우리에게 맑은 위로를 주는 정경을 그려낸 베르메르(Jan Vermeer)는 자기의 그림들이 보여주는 것과는 전혀 상반된 환경에서 살았다고 한다. 장모가 경영하는 여관에서 무려 열한 명의 자녀를 거느리고 살았다고 하니 평소에 그의 주변은 퍽 번잡했을 것이다. 그러한 그가 그린 그림들이 주로 이렇듯 호젓한 분위기를 자아낸다는 것이 언뜻 의외인 것 같지만 다시 생각해 보면 매우 당연하게도 여겨진다. 가끔은 나날의 소란스러움을 피해 외따로 떨어져서 한적한 시간을 갖고 싶었을 그의 심정을 짐작하기 어렵지 않기 때문이다.

베르메르뿐만이 아니라 많은 이들이 생활이 복잡하고 분주할수록 자기만의 빈 공간을 몹시 그리워하게 되는 것 같다. 예나 지금이나 사람들은 빈틈없이 짜여진 생활로부터 잠깐이나마 벗어나 마음의 빈자리를 돌아보고 생의 여백을 누리고 싶어 한다. 그러므로 우리가 그의 그림을 마주하고 이와 같이 정적인 장면에 젖어볼 수 있는 것은 역설적이게도 그가 한적한 환경에 처해 있지 못 했던 덕분일 것이다.

그리하여 그는 이런 식으로, 바깥과 격리된 채 정적이 공간을 채우는 실내의 정경을 그의 심중의 풍경으로 삼아 즐겨 표현했던 것 같다. 그의 그림들 속 여인들이 혼자일 때가 많다는 것은 그가 자신의 조용한 내면을 홀로 있는 여인의 모습 속에 투영했다는 것을 의미한다. 여인들의 단정한 자태 속 머리채를 가린 흰 두건이 그림에서 두드러진다. 이는 숨어들고 싶은 화가의 마음을 나타낸 것일까. 그는 또한 때때로 그림 전면에 공들여 그린 빈 의자를 배치하는 것으로 누군가를 기다리는 마음을 전한다. 외로움과 그리움과 미지의 것에 대한 동경이야말로 모든 문학과 예술의 시원일 것이다.

인간에게 혼자가 된다는 것은 어떤 의미가 있는가. 사람들은 왜 이따금 혼자 있고 싶어 할까. 결코 혼자서는 살아갈 수 없다는 것을 잘 알면서도 홀로 머무르는 자기만의 시간을 소중히 여긴다. 그래서 어떤 이는 진정한 여행은 혼자 하는 것이라야 한다고 했다.

그러나 베르메르와 일군의 플랑드르 화파의 그림이 우리에게 각별한 이유는 그들이 취한 소재가 여행 등 일상으로부터의 탈피가 아니라 일상성의 유지에 있다는 것이다. 일상을 벗어나지 않으면서 일상으로 말미암아 지치지도 않는 작은 여유를 보여주고 있어 사람들이 그의 그림에 이다지도 깊이 공감하게 되는 것이리라. 문득 올려다 본, 작은 창문만한 하늘의 푸른빛으로도 마음은 충분히 그득하게 되고 그러면 우리는 그것을 청량제 삼아 누추하거나 번거로운 현실을 견뎌나갈 힘을 얻게 되는 것이다.

베르메르에 의해 구현된 홀로 머무는 여인들의 표정은 헤프게 웃지도 않으며 어설프게 감상적이지도 않다. 견고한 표정 속 세상을 응시하는 그녀들의 시선이 아름답다. 선숙

006

철쭉꽃 필 때면

■ "부탁드립니다. 부디 그냥 지나치지 마시고 들어오셔서 우리의 아름다운 정원을 즐기고 가시기 바랍니다."

한적한 주택가의 어느 나지막한 집 앞에 걸려 있는 팻말에 이런 문구가 적혀 있었다. 그 집뿐만 아니라, 그 주변의 모든 집들도 다들 자기네 마당을 자랑스레 열어 보이고 있었다.

이맘때쯤이면 이곳 메릴랜드는 온통 철쭉으로 뒤덮이다시피 한다. 순결하면서도 화사한 흰색부터, 색깔 중에 가장 자극적이라 할 짙은 꽃분홍까지 현란한 색채의 향연이 온 동네에 펼쳐지는 것이다. 그 무렵 어느 날 남편의 지도교수가 자기의 연구원들 가족을 집으로 초대하였는데, 그날을 위한 이벤트는 봄꽃이 만발한 동네 산책이었다. 교수 댁에서 식사를 한 후 모두들 동화 속의 마을을 한 바퀴 돌았다.

그즈음 중국 본토 사람들이 핑퐁외교 후의 데탕트 분위기에 힘입어 개방의 물결 속에 한두 명씩 미국의 대학 연구팀에 합류하기 시작했다. 여기에도 두 명의 중국인 연구원이 있었는데, 한 명은 아직 미혼이었고 그보다 연상인 다른 한 명은 여덟 살 난 딸이 있다고 하였다. 그로서는 미국에 오게 된 것만으로도 대단한 행운으로 가족을 데려온다는 것은 엄두도 못 낼 일이었다. 그런 그가 당시 만 네 살 생일을 넘긴 내 딸을 보더니 마치 소풍 날 보물찾기에 성공한 소년의 얼굴이 되었다.

우리 아이는 나이에 비해 키도 크고 제법 통통했다. 누군가에게 안겨 있을 나이가 훨씬 지난 아이를 그는 마을을 한바퀴 도는 동안 내내 안고 다녔다. 덕분에 아이는 꽤 긴 시간을 땅을 밟을 새가 없이 뜻하지 않은 호강을 했다. 그로서는 동양아이는 만나기도 쉽지 않았을 뿐만 아니라, 미국 땅에서 남의 아이를 안아 보는 것은 좀처럼 없는 기회였을 것이다.

지금 저 사람은 이 동양아이를 보면서 자기의 어린 딸이 얼마나 보고 싶을까, 마음이 애잔하였다. 그래서 나는 다 큰 아이를 안고 있는 그의 모습이 버거워 보였어도, 팔이 아플 테니 아이를 내려놓으라고 거듭 말할 수는 없었다. 나는 그날 꽃들에 뒤질 새라 아이에게 새틴의 화려한 원피스를 입혔는데, 그러기를 잘 했다는 생각이 들었다.

중국인들은 많지 않은 생활비를 푼푼이 아껴서 장만한 카메라와 손목시계를 자랑했다. 못사는 나라에서 온 사람들이 흔히 하는 그런 행동에 대해 부유한 대만출신 박사가 노골적으로 그들의 촌스러움을 비아냥거렸다.

"이왕이면 신 모델로 살 것이지. 구형이잖아. 그리고 너무 비싸게 샀어."

그들은 속수무책으로 당하며 눈만 굼적거렸다. 그때는 대만 사람들의 심사가 대체로 우월감과 초조함이 뒤섞여 편치 않을 때였다. 그들을 보며 풍요와 여유라는 것, 궁색과 결핍이라는 것, 체제와 조국이라는 것, 그 속에서 휘둘릴 수밖에 없는 개인의 삶이라는 것 등등을 짚어보며 나는 마음이 복잡했다.

우리가 예정을 앞당겨 갑자기 귀국하게 되었을 때, 그 중국인 연구원들은 비용을 갹출하여 우리 가족에게 당시 미국에 상륙한 지 얼마 되지 않은 북경오리고기를 사주었다. 처음 먹어 보는 요리는 맛이 있었다. 그들의 주머니 사정으로 그것은 엄청난 호의였다. 나는 내심으로 아마 그들이 우리 식구 모두를 초대한 건 우리 딸을 한 번 더 보고 싶어서였을 거라고 생각했다. 가족을 모두 초대할 만큼 가까운 사이가 아니었기 때문이다.

그 후, 이십여 년의 세월이 흐르는 동안 세상은 엄청나게 변하여 굳게 닫혀있던 중국의 문호도 활짝 열린 지 오래 되었다. 서른 살쯤 되었을 그의 딸도 어쩌면 국제무대를 휘저으며 활약하는 사람이 되어 있을지도 모르겠다.

내가 사는 신도시는 인공적인 조경이 괜찮은 편이다. 아직 메릴랜드의 꽃동네에는 못 미쳐도 봄이면 철쭉이 제법 많이 핀다. 때맞춰 철쭉이 피면 그 화사한 꽃망울에 얹어 그의 얼굴을 한번씩 떠올린다. 둥그렇고 누런 얼굴에 약간 주눅이 든 것 같던, 그러다가 나의 딸을 보는 순간 환하게 밝아오던 그 때의 표정을.

석숙

007

네거티브 人生讀法

■ 의사들은 여러 가지의 방법을 써서 환자의 병을 고친다. 주사를 놓거나 약을 복용케 하는 것은 환자의 몸속에 무언가를 더하는 치료법인 반면에 수술로 병변부위를 제거한다든가, 침을 놓거나 부항을 붙이는 등의 방법은 몸에서 무언가를 빼내는 것이라고 할 수 있다. 이럴 때 더하는 치료법은 포지티브요법이고 빼내는 것은 네거티브요법이라고 한다고 들었다. 나의 막연한 느낌으로는 더하는 것보다는 덜어내며 하는 치료가 더 윗길로 보인다. 위의 경우에서 빼기의 뜻으로 쓰인 네거티브는 대체로 음성적, 부정적, 소극적이라는 뜻을 지

니며 태극의 음양에서 음을 나타내기도 한다.

이는 흔히 사람의 성격이나 태도를 유형별로 나누는 데도 적용되곤 한다. 적극적인 추진력으로 안 되는 것도 되게 만들려는 자세를 긍정적 태도로 보고, 그 반대의 경우로서 사안의 이면에 관심을 두고 이런저런 안 되었을 때를 지레 염려하는 자세는 부정적 태도로 여긴다. 나로 말할 것 같으면 생각이 행동보다 무성하여 우유부단한 성격이니 네거티브 형에 가깝다.

어느 날, 잘 다듬어진 고궁의 경내를 한가롭게 거닐고 있을 때 동생이 말했다.

"옛날에 태어나 공주로 살았더라면 좋았을 걸."

"옛날에 태어나 하녀로 평생을 살았을 수도 있잖아. 평생 궂은일에 파묻혀서 빤한 날 하루도 없었을 텐데. 지금 태어나길 다행이지."

동생의 포지티브 사고방식에 대한 나의 네거티브 대응방식인데 동생은 그런 나에게 궁상스럽다고 짜증을 냈다. 어차피 그냥 한 번 해보는 생각인데 단순하게 즐거운 공상에 잠시 잠겨보는 게 어때서 꼭 그렇게 토를 달아야 하겠느냐는 핀잔이었다. 하여튼 매사에 좋은 방향으로만 생각을 몰고 가지 못하는 내가 나도 딱하다. 긍정적인 자세로 인생의 목표를 뚜렷이 하여 소신껏 일로매진해야 바람직한 진일보가 이루어질 텐데, 나는 항상 안 되는 경우부터 먼저 떠올리거나 못 할 핑계거리나 찾고 있으니 이는 그다지 발전적인 생활태도는 아닌 것 같다.

그렇다고 내가 딱히 모든 일에 비관적이라거나 패배주의에 사로잡혀있는 것은 아니다. 오히려 상당히 낙천적이다. 성취욕구가 강하고 희망을 붙잡으려는 사람들은 의외로 근심과 걱정이 많다. 무슨 일이 이루어지기를 간절히 바라는 나머지 '-않으면 어쩌나' 하고 조급해 한다. 반면에 나는 '-이길 다행이다' 에 마음의 무게 중심을 두는 편이다. 어떤 일에든 기대치를 최소한으로 해놓으면서 나아가 가장 최악의 사태를 상정해 놓으면 여간해서는 깊이 실망하지 않게 되므로 비교적 매사에 느긋할 수 있다. 동생과의 대화도 뒤집어서 생각해 보면 옛날의 공주를 꿈꿔 오늘의 현실을 애석해 하는 것보다는 계급사회가 아닌 지금을 사는 것을 다행으로 여기는 나의 자세가 더 긍정적으로 된다. 이러한 내 마음의 행로에 대해 나는 스스로를 비관적 낙관주의자로 명명한다. 이 사고방식은 마음을 비워내는 헐렁함과 바라보고 비춰보는 관조와 성찰의 염(念)을 장점으로 지닌다고 할 수 있겠다.

그러니까 비관적 낙관주의란 부정을 통한 긍정, 자잘한 부정을 통한 커다란 긍정이라는 의미다. 부정에 부정을 더하면 긍정이 되고 큰 부정은 큰 긍정이라는 말도 있다. 또한 부정적인 것이 오히려 긍정적이고, 긍정적인 것이 오히려 부정적이라는 역설이나 반어법도 가능하다. 김소월은 〈먼 훗날〉에서 '오늘도 내일도 아니 잊고 먼 훗날 그때에 잊었노라' 고 했는데, 이 말은 죽어도 못 잊겠다는 탄식에 다름 아니다. 살면서 오늘이 아닌 날은 영원히 오지 않을 것이기 때문이다. 죽어도 아니 눈물 흘리겠다는 〈진달래꽃〉에서의 다짐은 마음속 소리 없는 통곡에 대한 영탄이다.

인간이 깊은 원력을 지니게 되면 바라는 바가 순탄하게 이루어지고 때로 불가능해 보이는 일도 거뜬히 돌파구가 마련된다고 한다. 이렇게 종교적 심성에서 우러난 기원의 자세를 취하기 위해서는 자신의 영혼을 기댈 절대적인 존재가 있어야 할 것이다. 그런데 어떤 대상에 나를 온전히 맡기기에는 나는 너무 의심이 많다. 그렇다고 세상의 불가항력이라든가 우주에 팽배한 알 수 없는 힘과 질서에 대한 외경심이 없는 것은 아니라서 이에 대하여는 범신론적 무신론이라는 말로 나의 종교관을 정리해 놓고 있다.

대체로 만사를 에누리해서 보는 나일지라도 때론 알 수 없이 마음이 풍선처럼 부풀어 오를 때도 있다. 그렇지만 부풀어 오른 마음이 그리 오래 지탱하지는 못하고 금세 꺼지는 것은 역시 열정이 모자란 탓이며, 확실히 내 안에는 시행착오를 두려워하는 비겁한 정서가 한몫하고 있음에 틀림없다. 요모조모 재고 따진다는 것에는 완벽주의자다운 면도 없지 않으나 그 이면에는 자신이 없어서 도망 갈 구멍을 마련해 놓는 심사도 다분하다.

환상이나 심지어 망상까지도 생활의 윤기를 위하여 필요할진대 나는 어찌하여 허구 한 날 이렇게 맨송맨송하기만 한지. 내 앞에 근사한 일이 벌어지리라는 기대가 없다는 것은 퍽 시시한 노릇이긴 해도 마음이 천당과 지옥을 오락가락하는 기복은 좀체 없으니 그저 그를 다행이라 여긴다. 절망하지 않기 위하여 희망을 지니지 않는다는 내 삶의 궁색함이여. 서숙

008

색깔 입히기

■ "그렇게 하늘을 그리고 싶으면 그려야지 어쩌겠어요." 한참을 말없이 '이것 봐라.' 하는 표정으로 그림을 응시하던 선생님은 미소를 담아 말씀하셨다. 우리는 "와아!"하고 웃음을 터뜨렸고, 그림의 주인공은 엉뚱한 행동을 한 아이답지 않게 얼굴을 붉히며 우리를 따라 저도 같이 빙그레 웃을 뿐이었다.

미술 시간, 교정에 나가 풍경화를 그린 후의 작품 평가 시간이었다. 모든 아이들은 건물과 잔디밭과 나무를 하늘 배경으로 대동소이하게 그렸다. 그런데 그 애의 그림은 전혀 달랐다. 뾰

족한 지붕 끝이 보이는 도화지의 아랫면 아주 조금을 제외하곤 온통 그저 파랄 뿐이었다. 흰 구름이 한 조각 떠있었던가, 아무튼 독특한 구도에 명암도 없는 단색이었다.

스케치북 한 장을 파랗게 칠해 놓은 학생의 파격도 파격이려니와, 풍경화가 이래야 한다는 둥 저래야 한다는 둥 진부한 언급이 없었던 선생님도 얼마나 멋있어 보이던지. 한창 감수성이 예민하던 중학교 시절에 만난 예쁘장하고 자그마했던 미술선생님, 그분의 차분한 인도로 나는 생전 처음으로 르누와르의 소녀들이 간직한 부드러운 분홍색 피부의 환영과 위트리요의 설경이 주는 우수어린 흰 색의 노스탤지어와 모딜리아니의 목이 긴 여성들이 자아내는 처연한 멜랑꼬리에 눈뜨게 되었다.

그때 그 친구가 그린 파란 하늘은, 나에게 하나의 표상이 되었다. 그러한 대담한 시도는 '누가 뭐래도 나는 나 하고 싶은 대로 하고 산다.'는 외침으로 들렸다. 때로 너무 독특해서 튀는 행동을 일삼는 사람들, 남들이 미처 감히 생각지도 못하는 일을 저지르는 사람들을 보게 되면 나는 속으로 생각한다. 저 사람도 파란 하늘을 그리고 있구나.

성찰이 있어 인간일 것이다. 그래도 가끔은 고뇌하지 않고 반성하지 않아도 되는 삶을 꿈꾼다. 좋으면 그냥 좋고 싫으면 그냥 싫고, 왜라고 묻지 않는 삶. 때로 안으로 침잠하고 의미를 찾고 하는 일들에 싫증이 나고 귀찮아지면, 마음이 가는 대로 마음이 시키는 대로 제약으로부터의 일탈을 꿈꾼다.

그런 마음의 파동으로 인해 시야에 하늘이 들어차게 되는 날이면, 나도 큼지막한 사각형의 화면에 푸른 하늘을 가득 넣곤 한다. 그때 그 친구의 흉내를 내어보는 것이다. 그런 식으로 녹색으로 뒤덮인 풀밭을 보면, 아무 것도 담지 않고 시야에 가득 풀밭만을 그려 넣는다. 색종이처럼 단 한 가지의 색으로 세상을 덮어보는 것이다. 그러한 단조로움에 대한 동경은 상대적으로 복잡한 머리에 대한 반작용일 것이다.

그러다가는 이내 큰 숨 한 번 들이켠다. 한 번으로 안 되면 두 번, 세 번, 계속 심호흡을 한다. 그러면서 타이른다. 한 가지 색으론 충분하지 않아, 세상에는 얼마나 다채로운 색들이 있는데 오직 한 가지에 매달린단 말인가. 이렇게 마음속에 깃든 모노톤을 지운다.

그렇다고 다양하고 현란한 색채의 향연이 쉬운 것도 아니다. 이런저런 색깔에의 시도가 선명한 색상을 제대로 살려내게 하기보다는, 오히려 여러 가지 색을 덧입히는 형국이 되어 우중충하여 갈색도 아니고 회색도 아닌 뭐라 이름 붙이기 곤란한 어둑

신한 색이나 만들어 내기가 십상이다. 딱하게도 자신의 색을 찾지 못하고 덧칠범벅 속에서 헤매는 꼴이다. 그러니 마음속에나마 주조색은 한 가지 지니고 살아가야 할 것이다.

마음에 깃든 자기만의 색깔 하나 소중하게 간직하고 지내다 보면 살아가는 길목 어느 때, 어디쯤에선가는 한번 맘껏 펼쳐 보일 기회가 올지도 모르겠다. 그런데 누군가가 나타나서 못하게 한다거나 아니면 다른 색으로 강요할 때, 사람들은 몹시 불행할 것이다. 그와 달리 '그렇게 그리고 싶으면 그려야지요.' 라고 조용히 말해주며 선선히 받아주는 사람을 용케 만날 수도 있을 것이다. 그러면 드물게 찾아 온 행운을 기꺼이 즐겨, 그 그늘에서 잠시 쉬어가도 좋으리.

석숙

신록의 노래

연분홍 구름 같은 꽃 이파리들 때문이었을 것이다. 세상이 그토록 아름답고 보드라워보였던 것은. 잊고 있던 꿈의 너울을 타고, 떨어지는 꽃잎에 애상을 실어,나의 상념은 우물을 들여다보듯 한 자리에 오래 머물렀다.

하르르 바람에 날리는 꽃 이파리들은 취한 사랑에도 만족을 모르고, 마치 강물속에 잠겨서도 강물을 마실 수 없는 탄탈로스처럼, 살면서 늘 목이 말라서 휘청거리는 사람들을 닮았다.

나는 사랑의 모습을 그려보고 싶었다. 사랑이라는 이름에 거는 기대를 투영하려고 안간힘을 썼다. 아름다운 사랑의 모습. 그렇게 사랑은 불꽃으로 타올라 황홀하여도 지속성은 미지수다. 그래서 애달프다. 그러한 타자성을 극복하는 길은 오직 하나, 사랑하고, 사랑하고 또 사랑하는 것. 그리스의 수도자가 순례의 길을 따라 바위산을 오르듯. 물론 몹시 힘이 든다.

그래도 어쩌겠는가. 사랑 말고 달리 할 일이 무엇이 있겠는가. 사랑이 저만큼에서 그만 그치고 말 것을 염려하는가. 꽃은 필 때 질 것을 염려하지 않는다.

009

신록의 노래

■ 천년을 기다려 꽃으로 피어났을 것입니다. 또다시 천년의 세월을 더하여 그 빛깔과 그 모습에 어울리는 향기를 지니게 되었을 것입니다. 한 방울의 물과 한 움큼의 햇빛으로 빚어낸 기적, 날마다 기적입니다. 연하고 연한 순하고 순한 그대 꽃봉오리의 기적을 본받아 나도 나의 기적을 짓습니다. 나도 한 방울의 물과 한 줌의 햇빛으로 연하고 연한 순하고 순한 새 움을 터 신록으로 세상을 맞습니다.

오랜 세월의 원(願)을 새겨 얻은 귀한 모습이어서일까요. 당신은 너무나 보드랍고 가냘파서 미풍에도 견디지 못할 것 같군요. 그대가 행여 다칠까 봐 조심조심 감싸고 싶은데 가까이 가지 못하겠습니다. 그대 섬세한 살갗은 가볍게 스치기만 하여도 멍이 들고 살짝 닿기만 하여도 상처를 입을 테니까요. 그대를 지척에 두고도 마냥 바라보기만 할 수밖에 없어 나는 애가 탑니다. 그렇지만 이렇게 바라보고 지켜볼 수 있어서 말할 수 없이 행복하기도 합니다.

당신은 아름답습니다. 사랑에 눈멀어 그대가 아름답게 보이는 게 아니라 당신이 아름답기 때문에 아름다워 보이는 것입니다. 그런데요. 나는 당신이 아름다워서 당신을 사랑하는 것은 아닙니다. 그저 당신이니까 당신을 사랑합니다. 그러니까 아름다운 당신을 사랑하는 게 아니고 그냥 당신을 사랑합니다. 아, 그러고 보니 나는 사랑에 눈멀어 당신이 이 세상에서 가장 아름답게 보입니다.

당신의 아름다움이 돋보이는 것은 당신이 지닌 간결함 때문입니다. 욕심의 군더더기가 없기 때문입니다. 또한 당신은 그 무엇에도 헤프지 않습니다. 슬픔에도 일그러지지 않고 기쁨에도 들뜨지 않습니다. 당신의 절제가 눈부시어 나의 눈매가 가늘어집니다. 한때는 사랑의 밀어를 간절히 원할 때도 있었으나, 당신의 간결함과 당신의 절제를 배워 이제는 그저 말없이 충만

한 합일의 기쁨을 누릴 줄 알게 되었습니다. 당신은 그러한 간결함과 절제로 나의 심중을 헤아립니다. 내가 당신을 사랑한다고 말하면 '나는 당신이 제일 어여쁩니다.' 라고 기쁘게 알아듣고, 내가 당신을 아름답다고 말하면 '당신을 사랑해요.' 라고 즐겁게 알아듣습니다.

내 안의 소년은 아무 것도 의식하지 않고 오직 열렬히 그대를 사랑하는 일에만 열중할 뿐입니다. 그대 안의 소녀가 배시시 어여쁜 웃음으로 나의 사랑에 화답합니다. 그대가 내게 말했습니다. 내가 당신을 사랑하는 것은 당신이 아름답기 때문 그리고 세상의 많은 것에 대해 서로 대화를 나눌 수 있기 때문 그러나 무엇보다도 당신이 내게 무한히 너그럽기 때문이라고. 나는 그대의 사랑을 잃지 않으려고 그대의 말을 가슴 깊이 명심합니다. 내 안의 순정, 순수, 내 속에 들어있는 가장 좋은 것, 가장 아름다운 것이 그대를 만날 때면 표정도 선명하게 파릇파릇한 싹을 틔울 수 있도록.

수줍은 미소를 머금을 때의 모습은 청순하여도 당신은 마냥 다소곳하지만은 않아요. 깜찍한 눈웃음으로 애교도 부릴 줄 알고, 가벼운 투정으로 응석도 곧잘 부립니다. 달빛이 은은할 때엔 요염한 자태를 뽐내기도 하지요. 때로 당신은 꽃잎 팔랑이며

바람과 희롱하고 도란도란 벌 나비와 소곤거리느라고 내가 다가가도 알아채지 못합니다. 나는 시무룩하여 괜시리 아직 깨어나지 않고 나무등걸에 붙어있는 애벌레의 고치를 집적거려 봅니다. 예쁘고 귀엽고 앙큼하고 매정한 그대, 그대는 어쩌면 그렇게 내 마음을 잘 알아 나를 꼼짝 못하게 옭아맵니까?

며칠 동안 봄볕이 좋더니 어젯밤에는 제법 큰 비가 내렸습니다. 비바람에 그대 지쳐 쓰러질까 봐 나는 가슴을 졸였습니다. 그래도 의연히 말갛게 씻긴 얼굴로 그 역경에도 당신은 억세어지지도 거칠어지지도 않고 순한 모습 그대로 아침햇살 아래 연한 꽃잎으로 곱습니다. 산들바람에도 바르르 미세한 떨림이 애처로웠건만 폭풍우를 견뎌내는 모습에 나는 오로지 당신이 대견할 뿐입니다. 내가 기뻐하니 나의 몸에도 저절로 윤기가 흐릅니다. 그대를 사랑하다가 나는 드디어 온 세상을 제대로 사랑하는 법을 저절로 깨우치게 되었나 봅니다. 내 몸은 어느 새 이렇듯 천지에 위안을 주는 녹색으로 세상을 덮게 되었으니까요. 사랑이 지극하면 아름다움으로 현현한다고 하던가요.

어느덧 당신의 얼굴에 어쩔 수 없이 드리우는 허무의 그림자를 나는 가슴 아프게 지켜봅니다. 당신이 나를 사랑하는 것을 나는 알아요. 하지만 당신이 가실 때는 뒤도 안 돌아보고 훌쩍

가버릴 것이라는 것도 나는 알아요. 그대 가세요. 미지의 세계를 돌아 오랜 기도로 한 하늘이 열리면 당신은 빛의 날개를 달고 구름 속의 햇살처럼 다시 돌아올 것도 나는 알고 있으니까요. 그대가 먼 길 마다않고 찾아오면 나도 그때까지 휘돌아온 세상의 이야기를 들려드리겠습니다. 그러니 내가 삶의 의지로 하늘 향해 치솟는 것이나 날로 짙은 음영을 드리우는 것은 오직 당신 향한 그리움 때문입니다.

그리워서, 그리워서 그리움이 목까지 차오르면 터져 나오는 꽃망울. 이제 나는 기다림을 준비해야 하나봅니다. 애달픈 내 마음은 그대에 대한 기억으로 시름을 잊고 다만 그리움으로 푸르러, 푸르러. 석숙

010

물수제비 뜨는 소년

■ 속삭이듯 잔잔하게 파도 이는 한적한 바닷가 모래톱에서 소년과 소녀가 함께 즐겁습니다. 바위산을 뒤로 하여 자갈이 흔한 해안, 소년은 작고 납작한 돌을 골라 한껏 몸을 낮추고 바다를 향해 돌팔매질을 합니다. 돌멩이는 물 표면을 가볍게 튕기며 수면 위를 날아 여러 번 낮은 포물선을 그립니다.

"일곱 번이나 튕겼네."

"아, 아니야. 여덟 번 튕겼어."

소년은 소녀를 보고 잘못 세었다고 나무라고, 단호한 그의 태도가 마음에 드는지 소녀는 크게 우기지 않습니다. 일곱 번이 아니고 여덟 번 튕긴 것이 소년에게는 엄청나게 큰일인가 봅니다. 소년은 의기양양 자랑스럽게 소리 내어 웃고, 소녀는 순한 얼굴로 소리 없는 웃음을 보냅니다.

커다란 눈망울의 그 짙은 음영이 시원한 소년은 서역왕자님, 꿈꾸는 표정으로 먼 곳을 향할 때 그 눈매 고운 소녀는 마치 애굽공주님인 듯, 어딘가 기품이 서려 있는 모습들로 둘 다 잘도 웃습니다.

먼 옛날 이 섬에서 살다 구중궁궐에 갇혀 버린 젊은이도 여기서 그냥 물수제비나 뜨면서 살았더라면 좋았을 걸 그랬습니다. 고려산에 진달래 꽃봉오리 맺힐 때면 마니산 기슭 따라 인진쑥 연한 싹 캐는 마을 처녀들과 노닥거리고, 가시오피로 술 담가 밴댕이 회 한 접시에 희희낙락하며 그렇게 살 걸 그랬습니다. 애처롭게 하늘거리던 어린 벼 모가 유연하게 제자리를 잡아 청신한 녹색을 빛낼 즈음엔 그 푸르른 들녘을 가슴에 담고, 비가 오려나 장마가 지려나 하늘의 뜻을 가늠하며 그렇게 살 걸 그랬습니다. 서늘한 하늘 아래 알곡이 들어차는 논에서 참새 떼 쫓고 순무 거두어 갈무리하고, 포도밭에서 송이송이 단맛에 흠뻑 취해 빙그르르 매암을 돌면 만산홍엽(滿山紅葉)의 화엄단장(華嚴丹粧)은 더욱 현란할 것이었습니다. 함박눈 소담하여 초가지붕 부드러운 윤곽이 고즈넉할 때, 목화솜 두둑하니 두루뭉술한 바지저고리 진솔을 설빔으로 얻어 입고, 머슴방에 모여앉아 질펀한 농지거리 나누며, 왕골로 화문석 짜거나 솜씨 좋은 소목(小木)이 이층 반닫이 만드는 것 거들며 그렇게 살 걸 그랬습니다. 순덕이나 언년이나 볼 붉고 장딴지 통통한 작은 각시 얻어서 메주덩이같이 못생겼어도 이 세상 무엇과도 안 바꿀 아들 낳고 딸 낳고 그렇게 살았더라면 참 좋았을 걸 그랬습니다.

사위어 가는 왕조, 명문도 아니고 천출도 못 되는 끄트머리 왕족으로 태어난 것은 그것만으로도 피 토하게 서러운 운명입니다. 언제 어느 자객의 손에 단칼로 베어질지도 몰랐을 목숨, 산골 무지렁이로의 전락이 그의 생명을 부지해 주었습니다. 지엄한 자리 상감마마가 되는 게 무슨 짓거리인 줄을 그가 미리 알았더라면 한양 가는 배에 그렇게 쉬 오르지는 않았을 것입니다. 숨을 수 있었으면 숨었을 것입니다. 피할 수 있었으면 피했을 것입니다. 그랬더라면 호의호식 주지육림 지분냄새 분분한 여인네들 품속, 그 황량한 쾌락에 심신이 녹아내려 서른을 갓 넘긴 젊은 나이에 기력을 다하진 않았겠지요.

세상을 뜨면서 그는 이름도 아름다운 강화도(江華島), 이 섬을 마지막으로 그렸을 것입니다. 비 온 다음 날 아침이면 섬 사이사이에 물안개 짙어 청회색 낮은 하늘을 배경으로 하얀 구름이 척하니 내려와 바다 위에서 쉽니다. 앞섬을 자취도 없이 꽁꽁 여미듯이 감싸 안던 포근한 햇솜 같은 운무가 바람결 따라 저편으로 흘러가고 나면 숨었던 섬은 순식간에 선연히 그 모습을 드러냅니다. 맑은 날 저녁이면 일몰에 맞추어 구름들이 수평선 가까이로 뭉게뭉게 모여들어, 지는 해의 잔영을 멀리멀리 번져가게 하여 하늘과 바다 온 천지가 불바다를 이룹니다. 불타는 석양을 등지고 뒤돌아보며 뒤돌아보며 잔뜩 겁먹은 얼굴로 산등성이 굽이굽이 넘어갔을 가여운 젊은이, 이 세상 하직할 때 바닷가에 지게막대기로 지게 받쳐놓고 물수제비뜨며 시골 소녀 희롱하던 소년 시절을 떠올렸을 것입니다.

지금 저 소년과 소녀가 서역의 왕자도 아니고 애급의 공주도 아니고 이렇게 여기서 즐거울 수 있어 얼마나 다행인지요. 황금으로 쌓아올린 왕좌에 백관이 도열하여 온갖 진귀한 보물로 감옥을 만들어 주지 않아서 얼마나 다행인지요. 푸른 하늘 아래 제 멋대로 피는 꽃, 산도 보고 물도 보고 산도 닮고 물도 닮고,

해 나면 해가 나서 좋다고 금빛으로 반짝이고 비 오면 비가 와서 즐겁다고 은빛으로 싱싱하여 한껏 기쁜 모습일 그들, 이 땅에 태어나 슬프게 살다 간 그 옛날의 젊은이가 아니고 오롯이 자신만의 생을 사랑하여 그 무엇도 아닌 자신으로 살아, 마음껏 사랑하고 마음껏 웃을 수 있어서 얼마나 다행인지요.

일부러 길을 잃다

밑줄 긋기
#4

001

마음이여, 정착하지 마라

■ 어젯밤에는 파도소리를 들을 수 있어서 잠결에도 행복했는데, 듣는 것만으로는 부족하여 아침에 잠에서 깨니 바다가 한눈에 가득하다. 아직도 꿈속인 듯, 꿈처럼 아름다운 정경이다. 내일 눈을 뜨면 내 앞에 바다가 펼쳐지리라, 캄캄한 창문 앞에서 예상했지만 기대보다 더, 이 너른 바다에 나의 가슴이 벅차다. 여름의 끝자락, 인적 끊긴 바닷가에 내려서서 소금물에 씻긴 조개껍데기들이 흰 모래와 뒹구는 해변을 걷는다. 발바닥이 기분 좋게 따끔거린다. 험한 산세에 곧장 닿아 있는 바다는 수심에 따라 짙은 청색, 청록색, 에메랄드빛으

로 흔들리고, 모래사장 가까이는 깨끗한 옥빛이다. 깊고 그윽하지만 차갑고 쌀쌀하여 안타까움을 안겨주는 애인 같은 바다를 오랫동안 탐한다.

수면에 솟아있는 울퉁불퉁한 크고 작은 바위는 내달리던 육지의 끄트머리 같다. 파도가 높다. 가파른 해안을 배경으로 바위를 때리는 정경은 흰 포말이 흩어지는 모습 때문에 늘 구도자의 몸짓이다. 어떤 때는 무한히 포용하는 듯, 어느 때는 완강히 거부하는 듯, 오로지 묵묵하게 버티는 바위를 향해 풀 길 없는 갈망을 담고 파도는 헛되이 구하고 또 구한다.

늘 가슴 저린 막막함을 가져다주는 아득한 수평선. 떠도는 일엽편주가 애처로운 건, 피안이 저기에 있다고 하는, 닿을 수 없는 곳에의 동경이 너무 허망하여서일 게다.

동해안 작은 포구를 지나니 정동이다. 철로와 바다. 사람들은 이들 곁에만 서면 언제나 '여행을 떠나세요.' 라는 속삭임을 듣는다. 이곳에서는 아예 철길과 해안선은 나란히 자리를 함께 하면서 인간들을 한층 더 부추긴다. 그렇지만 이렇게 강렬한 유혹 앞에서도 우리는 또 머뭇거린다. 매양 떠나고 싶어 하면서 한편으로는 한자리에 머물고자하는 우리. 한사코 홀로 있게 되기를 소망하는 반면, 사랑이라는 이름으로 진정한 대화를 갈구하며 끊임없이 인간의 품을 그리워하는 우리. 인연의 고리로부터 훌훌 벗어나고 싶어 하는 한편, 떨쳐내지 못할 집착에 연연하여 한없이 전전긍긍하는 우리. 그래서 행복 혹은 안식은 오로지 꿈일 뿐 인간의 경지는 아니다.

멀리서 보면 해안선이 고운 해변도 가까이에서는 격정이 눈부시다. 문득 안락함에 길들어진 마음속 고이 접어두었던 깃발 하나가 펄럭인다. 파도는 해일이 덮치지 않는 한 해변의 테두리를 벗어나지 않지만, 파도는 파도마다 같은 것은 하나도 없이 자유분방하다. '삶은 그 형식에 있어 절제와 절도를 미덕으로 하고 살아라. 그러나 삶의 내용 즉 정신은 안주하지 말고 마음껏 자유롭게 비상하라.' 고 바다는 내게 가르치고 있다.

그러니 마음이여, 정착하지 마라.

002

슬픈 메트로폴리탄

■ 버스는 이제 파리를 벗어나 시골길을 달린다. 정작 파리 시내관광보다, 나는 저 전원풍경이 더 마음에 든다. 황금빛 밀밭이 넓게 펼쳐진 가운데 종탑이 아름다운 교회를 중심으로 빨간 지붕을 인 자그마한 주택들이 옹기종기 모여 있는 시골 농가의 정경들은 한결같이 평화롭고 고즈넉하다. 키 큰 포플러, 날씬한 자작나무 그리고 사과밭. 나무에 매달린 사과 색깔이 연두색으로부터 새빨간 색까지 온갖 초록과 온갖 빨강으로 그 농담을 다채롭게 하여 점묘파의 그림 마냥 아른아른하다.

어쩌면 인간들은 이렇게 구석구석 모여 사는지, 나는 항상 그 당연한 사실이 신기하고 새롭다. 저곳에 사는 사람들은 세상을 어떻게 바라볼까. 세상을, 또는 산다는 것을 어떻게 인식하고 있을까. 저 경치를 동경하는 만큼 나도 저 속에서 저 사람들처럼 살고 싶은가. 나는 저렇게 살고 싶었던가.

어느 서양미술사에 이런 구절이 있다.

"이미 AD. 79년 베수비오 화산 폭발이 있었던 전원도시 폼페이가 누렸던 헬레니즘시대에 벌써 사람들은 전원생활을 동경했다.… 데오크리토스(Theocritos)같은 시인들이 목동들의 소박한 삶의 매력을 발견했던 헬레니즘시대에 와서는 미술가들 또한 복잡한 도시거주자를 위해서 전원의 즐거움을 불러일으키는 그림을 그리려고 노력했다.…목가적인 풍경을 구성하는 모든 것, 이를테면 목동과 소, 소박한 사당과 멀리보이는 별장과 산들을 한데 모아 놓은 것이다."

그때 그 헬레니즘시대 도시 거주민이나, 약 2,000년 후 서울이라는 거대한 메트로폴리스가 삶의 터전인 내가 자연에 대해서 품는 동경은 결국 이렇게 같은 것이다. 시대는 크게 변하는 것 같지만, 인간 심성의 근원은 그다지 세월을 통해 변하는 것이 없다는 이치이다.

로렌스는 그에게 명성과 혹평을 동시에 가져다 준 영국의 도시를 떠나, 이탈리아의 시골에서 사는 이유에 대해 이렇게 이야기했다.

"나는 그들과 함께 그들의 조그마한 농가에서 살고 싶은 생각이 나는 것도 아니다. 그것은 마치 감옥과도 같은 것일 것이기 때문이다. 하지만 그들의 생활과 내 생활이 평행하며, 서로 관계를 가지고 영위되어 갈 수 있도록 그들에게 내 바로 옆에 있어주었으면 하고 바라고 싶은 것이다."

결국 노동은 안하고 즐기기만 하겠다는 욕심이겠다. 한 송이 장미꽃을 피우기 위해 작업복 차림으로 정성껏 가꾸는 사람 따로, 아름답게 피워 낸 장미의 자태를 즐기기만 하면 되는 사람들이 따로 있는 것이 세상살이다. 그러고 보면 세상에는 대체로 두 종류의 인간 무리가 있는 것 같다. 고단하게 수고하고 애쓰는 삶이 있고, 그러한 수고 덕분에 이루어진 성과만을 즐기고 그 과실을 따먹기만 하면 되는 삶이 있다. 그런데 대다수가 생각하는 행복의 실체는 후자의 삶이 아닐까.

장미의 아름다움만을 취하고, 그 심층과 배면은 아랑곳하지 않는 것은 유치한 감상과 미숙한 감성에 불과하다. 사람들은 이것을 곧잘 심미적 감수성으로 혼동하곤 한다. 표피적인 삶이 지니는 이러한 허구는 스노비즘, 속물주의라 불리는 경멸의 대상이지만, 애석하게도 우리 어설픈 문명인들은 거개가 다 문화속물이라고 불리는 사이비의식으로부터 그다지 자유롭지 못하다.

탐나는 것은 뭐든지 다 움켜쥐고 말겠다는 굳은 결의에 차있는 이 시대 도시 중산층은 탐욕 무한, 그 가공할 진취적 노력의 결과로 편안하고 안락한 도시민의 일상을 창조하였으되, 거기가 욕망의 끝자락은 아니다. 원하는 것은 어떻게든 손에 넣어야 직성이 풀리는 그들답게 이제 와서는 다시 '도시의 인스턴트 삶에 지쳤노라. 저 푸른 초원에서 자연과 벗하고 싶다.' 라고 '소망' 이라는 고상한 말로 포장된 이기심과 허위의식 그리고 끝없는 소유욕을 드러낸다. 이때 이들 머리 속에 떠오르는 영상은 필경 넓게 펼쳐진 푸르른 초지일 뿐, 가축들이 풍기는 악취나 농촌생활이 수반하는 고된 노역과는 무관하다. 이즈음 이상적 삶의 형태로 떠오르는 새 모델은 이런 것이다.

"그림 같은 경치가 펼쳐진 한가한 시골에 지중해 풍의 전원주

택을 한 채 마련한다. 실내에는 이 시대 최첨단의 문명기계가 요즈음 유행하는 젠(禪)스타일이 가미된 미니멀리즘의 인테리어로 산뜻하면서도 기품 있게 꾸며져 있다. 매일의 삶은 결코 도시와 유리될 수 없다. 사이버 시대의 도래 덕분에 나의 삶은 시공을 초월한다. 도시 속의 나와 전원 속의 나는 이렇듯 분리되지 않고 손쉽게 양손에 떡을 쥘 수 있도록 해 준다."

도시인이면서 도시를 경멸하고 농업이 부여하는 노동 가치를 거부하면서 농촌의 삶을 동경하는, 대부분의 도시인들이 지니는 이 총체적 위선과 허구의 정답은 과연 무엇일까.

이에 대해 이미 18세기에 볼테르는 정곡을 찌르고 있다.

"나는 노파에게 자신의 영혼이 어떻게 만들어졌는지 알지 못해서 불행한 적이 있었느냐고 물었다. 노파는 내 질문의 뜻조차도 이해하지 못했다. 노파는 일생을 통해 한 순간이나마 선량한 브라만을 괴롭혀 온 문제들을 생각해 본적이 없었다. 노파는 마음 속 깊이 힌두교의 신 비쉬누의 전생을 믿었고, 만일 갠지스강의 성수를 약간 구해서 세정식만 할 수 있다면 가장 행복한 여자라고 생각할 것이다. 나는 브라만에게 돌아가 말했다. '당신이 있는 곳에서 50야드도 떨어지지 않는 곳에 아무 것도 생각하지 않으면서도 행복하게 사는 인간이 있건만, 당신은 이렇게 비참한 기분으로 사는 것을 부끄럽다고 생각하지 않소?' 그는 대답했다. '당신 말이 옳습니다. 그러나 그것은 내가 원하는 행복은 아닙니다.' "

신의 존재 등 당연시하던 것에 의문을 품고 애매모호한 것을 거부하는 이성에 눈 뜬 덕분에 몸도 마음도 단순하게 살 수 있는 능력을 상실한 계몽주의 이래의 얼치기 호모 사피엔스들은 낙원으로부터 추방된, 행복은 아연 저 멀리에 있는 슬픈 존재들이다.

이와 마찬가지로 태초의 삶의 양식으로부터 유리되어 이미 먼 길을 와 버린 우리 도시인들에게 전원생활에 동화되어 진정한 자연인으로 되돌아가 충일한 삶을 사는 것은 이제 불가능에 가깝다. 무엇이든 피상적인 접근으로는 진실에 도달할 수 없고, 따라서 진정한 행복의 길도 요원할 것이다.

그런데도 불구하고 이렇게 아름다운 경치를 마주하게 되면, 그럴 때마다 딱하게도 자연의 품속에 묻히고 싶다는 절망 같은 소망을 포기하지도 못한다. 이때 한 목소리가 가만히 타이르듯 속삭인다. '그것은 이제 더 이상 그대들이 원하는 행복의 궁극이 아닙니다.'

어느덧 어둠이 깔리고 조명을 받아 아름다운 성이 저 멀리 언덕 위에 모습을 보인다. 버스는 스위스에 접한 프랑스의 국경도시 디종에 가깝게 다가서고 있다.

003

휴대폰 이야기

■ 무색(無色) 무미(無味) 무관(無關)한 그대

핸즈프리(Hands-free)가 시중에 나온 지 얼마 안 되어 눈에 익지 않을 때였다. 처음에 나는 그녀가 정신을 놓아버린 여자인 줄 알았다. 동그마니 길가 화단 경계석 위에 앉아서 하염없이 혼자서 뭔가를 말하고 있는 것이었다. 젊은 여자가 참 안되었다 하는 참에야 그녀가 누군가와 통화중이라는 것을 알아챘다.

노마드(Nomade; 유목민)는 작금의 디지털 시대를 이해하는 코드 중의 하나이다. 한 군데 정착하여 살기를 거부하고 여기저기 떠돌아다니는 삶을 동경하는 이들 신유목민의 꿈은 보보스

(Bobos; 부르주아와 보헤미안의 합성어)라는 신조어에 고스란히 담겨있다. 여피(Yuppie)의 여유에 방랑의 낭만까지 누리고 산다는 것은 정말 멋진 일이 아닐 수 없다. 비록 보보스의 축에는 못 끼더라도 휴대폰 하나씩을 손에 들고, 목에 걸고 이 도시를 헤매는 우리의 젊은이들도 나름으로 유목민화하고 있는 셈이다.

우리 집에도 이미 여간한 경우가 아니면 딸을 찾는 전화가 걸려오지 않는다. 집이 가족을 의미한다고 한다면 가족해체의 상징으로 휴대전화는 두드러진다. 요컨대 사람만 있고 장소는 없는 것이다. 정착은 더 이상 안정을 의미하지 않고 단지 지루할 뿐이다. 그들은 하염없이 떠돌며 개인으로서 살아가기를 꿈꾼다. 어쩌면 수천 년 동안의 농경정착시대를 바야흐로 마감하고 이제 그들은 말 달리며 벌판을 질주하던 애초의 수렵채집인의 후예로 되돌이기는 시발점에 있는지도 모르겠다. 화살대신 휴대폰을 높이 치켜들고.

그런데 이러한 개인주의적 성향의 만연에 반하여 그들도 역시 인간관계에 목말라하고 있다. 전철 안에서 아이들은 끊임없이 문자메시지를 띄운다. 손가락 움직임의 일사불란함이란. 그리고 전화요금 걱정도 안 되는지 연신 통화중이다. 열심히 통화에 열중하는 걸 보면 그들은 분명 누군가 말상대가 필요하다.

그러나 별로 남의 말에는 관심이 없어 보인다. 말을 하는 이는 있는데, 듣는 이는 없는 형국처럼 여겨진다. 그들이 쉼 없이 휴대폰을 통해 토해내는 것은 혹시 외로움의 비명은 아닐까. 과연 그들 사이에 소통은 원만한가.

나 같은 안티노마드의 눈에는 이 자유로우나 고독한 영혼들은 마치 섬처럼 외롭게 떠있는 존재들 같다. 텔레비전이 상징하는 일방통행형 의사전달과정 때보다, 컴퓨터가 표방하는 쌍방향의 상호대화형 의사소통사회에서 개인은 오히려 더 폐쇄적이라는 연구결과도 있었다. 컴퓨터로 게임을 하든 채팅을 하든 전화로 수다를 떨든 하여튼 상대가 있기는 하다. 그러나 그것은 엄밀한 의미에서 혼자 하는 놀이라고 할 수 있다. 그들은 관계의 그물에 갇혀있지 않다. 우리가 관계와 인연의 고리로 결정되는 삶 속에 안주해 있었다면, 앞으로 오는 세대들은 그것들에 그다지 집착하지 않을 것이다. 쉽게 헤어지고 쉽게 지나치면서.

이상하게도 나는 아직도 핸즈프리로 통화를 하는 사람들을 길에서 보게 되면 반드시 1, 2초 정도 깜박 착각에 빠진다. '어머, 저 사람은 혼자 떠드네. 이상한 사람이야.' 그리곤 이내 '아, 참. 전화하는 거지.' 하고 교정한다. 내 기억의 방어체계가 무던히 고집이 센 건지도 모르지만, 나의 두뇌는 그런 상황이 좀처럼 학습이 안 된다. 아마도 그것은 그들이 통화하는 모습 위에 고독한 자의 웅얼거림이 오버랩되기 때문일 것이다. 독백의 홍수 속을 오늘도 나는 걷는다.

핸드폰

휴대폰을 우리는 흔히 핸드폰이라고 부른다. 이는 순전히 한국식 혹은 일본식 조어다. 그래서 나는 저런 엉터리 말은 사용하지 않으리라 생각하고 있었다. '핸드는 손인데 그럼 전화를 손으로 받지 발로 받나, 그런 식으로라면 유선전화도 핸드폰으로 불러야지.' 하면서.

그런데 뜻밖에도 한 미국인이 핸드폰이라는 말에 무척 감탄을 하면서 아주 적절한 표현이라고 한다. "손에 항상 들고 다니니까 핸드폰이다. 영국인의 모발폰이나 미국인의 셀폰보다 내가 보기에는 핸드폰이 더 썩 잘 어울린다. 이 단어는 조만간 아마도 영어권 나라들에 역수출될 것이다."라고 했다. 미국에서 나고 자란 사람의 언어감각으로 하는 말이므로 그럴 듯하게 들렸다.

게다가 영화배우 맥 라이언이 국산 제품인 '섹시마일드'의 모델을 한 후 텔레비전 토크쇼에 나와서 "그동안 이상한 나라에서 만든 우스꽝스러운 이름의 샴푸광고를 찍었다."고 하여 한참 물의를 빚고 난 이후라 속상한 마음이 조금 풀어지기도 했다. 그래도 그동안의 내 생각을 일시에 뒤집는 발상의 전환 앞에 순순히 백기를 들기가 망설여졌다. 그의 말을 내가 어떻게 받아들이고 해석하느냐에 따라 그동안의 나의 생각은 소신도 될 수 있고 아집도 될 수 있다.

발레리나는 몸의 유연성을 유지하기 위해 스트레칭의 연습을 게을리 하지 않는다. 훈련이 된 발레리나의 비상은 아름답다. 그처럼 정신도 멀리 높게 날 수 있으려면 유연한 사고를 위한 스트레칭이 필요하다. 평소에 갇힌 생각으로 웅크려 있던 마음을 활짝 열어 보는 것도 시원할 터이다. 일단 네모를 완벽한 형태라고 받아들이고 그의 정돈된 모습에 심취하여 한 가지의 잣대로 선을 긋다보면, 동그라미의 현란함을 외면하고 세모의 예리함도 도외시하게 되며 소용돌이무늬의 파격에도 문외한으로 남는다. 선긋기에도 스트레칭이 필요하다. 연필에 힘을 가하여 조금만 네모 틀 밖으로 삐쳐 나가 본다면?

어휘 하나에도 나의 상념은 이렇듯 분주하다. 어쨌든 그 외국인 덕분에 이제는 핸드폰이라는 말이 입에 붙는다.

단축 다이얼 1번 되기

"정말 힘들어 죽겠어. 친정에서도 시집에서도 무슨 일만 생기면 나만 불러대는 거야. 양쪽 다 다른 형제들도 많건만 왜 맨날 나냐고. 오죽하면 시어머니 휴대폰에도 나는 1번이고 친정엄마 휴대폰에도 나는 1번이라니까."

매사에 똑 부러져서 우리들 사이에서도 해결사로 불리는 친구의 푸념이다. 다들 웃으면서 고달프겠다고 위로했다. 설왕설래 끝에, 어떤 사람의 전화단축 다이얼에 1번으로 오르기가 쉽지 않은데, 한 사람도 아니고 여러 사람에게 1번 대상이 된다는 것은 보통 일이 아니라는 것에 만장일치로 의견이 모아졌다.

"양쪽 집에서 너의 위치가 아주 막강하다는 얘기잖아."

친구는 물론 우리들의 해석에 이의를 제기하기도 했지만, 그게 싫지만은 않은 듯했다. 타인의 삶 속에 자신이 차지하는 비중이 크다는 의미는 얼마나 대단한 것인가.

나는 스스로에게 물어보았다. 내가 과연 누구에게 1번의 존재가 될 수 있을까. 이 세상의 몇 사람에게 나는 '어린 왕자' 가 돌보는 '장미' 같은 존재, '장미' 를 돌보는 '어린 왕자' 같은 존재가 될 수 있을까? 나는 누구에게 '아낌없이 주는 나무' 가 될 것이며 누가 나를 위해 '아낌없이 주는 나무' 가 되어 줄 것인가?

대개 사람들은 집을 1번으로 직장을 2번으로 그 다음 가족의 휴대폰들을 차례로 넣는다. 그 순서대로 내 번호는 남편의 휴대폰에 3번으로 올라 있었다. 나는 짐짓 시치미를 떼고 내가 고작 넘버 3의 존재밖에 안 되느냐고 항의하였다. 남편은 영문도 모르고 "그런가? 그다지 어려운 일도 아닌데, 뭐."하면서 그 자리에서 1번으로 바꾸어 주었다. 적어도 한 명은 확보를 한 셈이다. 더하여, 1번의 의미가 지니는 상징성에 대해 그 내용을 그에게 갖추라고 하고 싶다. 그러니까 베푸는 사람과 받는 사람이 따로따로, 나는 그저 받기만 하고. 물론 그는 거절할 것이다. 그래서 다음 말은 생략하였다.

한국적인, 너무나도 한국적인

"3시쯤 백화점 안에서 볼일보고 있을래? 내가 그 근처에 도착해서 다시 전화할게." 그다지 어려운 사이가 아니라면 이 즈음은 이렇게 약속을 느긋하게 한다. 시간과 장소를 빡빡하게 제약할 필요가 없다. 즉흥적이고 무계획적인 태도가 용납되는 것이다. 또한 설령 다소 상대가 늦게 도착하여도, "차가 막혀서 좀 늦을 것 같아", 전화로 통고를 받고 앉아 있으면 기다리기가 한결 수월하다.

이런 방식이 생활화되어가면서 휴대전화는 이제 우리의 일상을 빠르게 지배한다. 그러다 보니 고집스럽게 또 하나의 구속이라고 생각하여 휴대폰 지니기를 거부하는 사람들은 점점 버티기가 힘들어진다. 온 국민에게 전화기를 들고 다니라고 강요하는 분위기가 암암리에 조성되고 있다. 우리의 변화에 대한 재빠른 수용능력은 얼마나 놀라운지, 전화기를 사용한 지 얼마나 되었다고 깜박 잊고 집에 두고 외출한 날은 괜스레 마음이 불안하다고들 한다. 중독증에 의한 정서불안 증세이다.

그런데 이런 현상이야말로 사실 굉장히 한국적인 모습이다. 다소 단정적으로 말한다면 한국인의 최대의 장점은 강한 순발력이고, 약점은 지나치게 충동적이라는 것이다. 주도면밀하지 않고 성급하다. 이처럼 초조하고 불안하고 분주한 사회 분위기에는 조증(躁症, Hyper)의 기미가 있다. 천천히 신중하게 처리해야 할 일 앞에서 '빨리, 빨리.'를 외치고 정작 서둘러야 할 때는 '밥 먹고 합시다.'를 외친다는 우스개도 있다. 그리고 강한 평등의식 때문인지 과도한 경쟁의식 덕분인지 남 나름의 풍조가 거세다. 남이 하면 나도 해야 한다. 그리하여 한꺼번에 집단적으로 욕구가 몰린다. 나는 우리의 이런 자화상을 축구4강 신화와 강남지역에 대한 부동산 투기열풍 그리고 유례없이 높은 교육열

등에서 본다.

그러나 뭐니뭐니해도 단기간에 걸친 휴대폰의 엄청난 확산이야말로 이러한 사회 분위기를 가장 잘 함축하고 있다. 이것만큼 한국인의 기질에 부합하는 것은 없다고 한다. 이에 상업성이 가세하여 끊임없이 기능도 다채로운 새 모델들이 쏟아져 나온다. 뒤질세라 앞서가고 싶은 욕구가 신형 전화기를 통해 아낌없이 발산된다.

이럴 때, "나는 클래식이 좋아."를 외치며 애써 변화에 무디고 싶은 나 같은 사람들은 별 수 없이 엉거주춤해진다. 그래도 구식이라고 딸로부터 버림받은 휴대폰은 하나 주워들고 뒤쳐진 걸음걸이로나마 따라가기는 한다. 그렇지만 이왕 속도에 발맞추기는 어려우니, 산 보듯 강 보듯 구경하는 심사가 되는 것이다. 서숙

004

버스를 타고

■ 바람 부는 봄날이 으레 그렇듯이 오늘도 뭔가 차분하지 않고 뒤숭숭하면서도 묘하게 사람을 나른하게 만든다. 이런 날의 시내 외출은 사람을 지레 지치게 하기 십상이다. 서둘러 볼일을 마치고 한시 바삐 집에 돌아가 쉬고 싶은 간절한 마음으로 버스에 올랐다. 햇살이 비치지 않는 쪽의 뒷좌석에 푹 파묻혀 흔들리는 차체에 몸을 맡기고 낮잠이나 청해 볼 참이다.

버스는 비교적 한산하다. 그런데 무언가가 시선을 잡아끈다. 얼른 보기에 분홍색 솜사탕 같다. 다시 보니 솜사탕처럼 보인 것은 어린 여자아이의 원피스였다. 빈 좌석들 사이로 몇 칸 앞 좌석에서 누군가가 그것을 펼쳐 들고 있다. 나는 버스의 오른편에 앉아 있으므로 저 앞 왼편에 앉아있는 사람의 행동거지는 파악되는데 모습은 잘 안 보인다. 그러나 뒷모습만으로도 초로의 부인인 것을 금방 알 수 있다. 짧은 파마머리가 단정하고 넓지 않은 어깨가 다소곳하다. 옆모습이 궁금했지만 안 보이는 채로 그도 괜찮다.

그녀가 예닐곱 살짜리의 원피스를 높이 쳐들고 살펴보고 있었다. 구름 같은 하늘거리는 천으로 만든 옷이 앙증맞으면서도 제법 화려하다. 이리 보고 저리 보고 망중한을 즐기듯 예술품을 완상하듯 여간 찬찬히 살피지 않는다. 이윽고 그녀는 먼지라도 묻을세라 조심스럽게 다시 개켜서 쇼핑백 속에 집어넣는다. 그리곤 핸드백에서 휴대 전화기를 꺼내어 전화를 건다.

"응, 나다. 마침 집에 있었구나. 시장 갔다가 집에 가는 길인데, 잠시 너희 집에 들를까 하구. 어디 안 갈 거지? 한 삼십 분

있으면 도착할 거야."

여전히 뒷모습밖엔 안보이지만, 그녀의 설레는 마음을 그의 목소리 톤만으로도 생생하게 느낄 수 있다. 그녀는 며느리에게 손녀의 옷을 샀다는 얘기는 하지 않는다. 그러면서 부푼 기대로 한껏 마음이 들떴을 것이다.

나는 그녀가 버스에서 내려 손녀를 만나러 가는 모습이 눈에 선하다.

마침 손녀는 집에 있다.

"색깔이 하도 곱길래, 한 벌 사 봤는데 잘 맞을는지 모르겠다."

그녀는 머뭇거리면서도 내심 자랑스러운 마음으로 원피스를 꺼내 놓는다. 어린 여자아이는 화들짝 반색한다. 옷을 갈아입는 아이도 거드는 할머니도 가슴이 두근거려서 허둥지둥하는 것으로 비친다. 우리의 순박한 주인공은 아이에게 옷이 마음에 드느냐고 묻지도 않는다. 숫기가 많지 않은 아이도 할머니에게 고맙다고 아양을 부릴 줄도 모른다. 그러나 그들은 지금 제정신이 아닐 정도로 너무나 황홀하다.

"할머니 덕분에 우리 딸이 공주님 같네."

며느리가 한마디 치사를 한다. 할머니는 옛날 설빔 얻어 입던 때를 회상한다. 그리고 소망할 것이다. 나의 손녀도 몇십 년 후에 오늘을 회상해 줄 것을. 물론이다. 아이는 틀림없이 먼 훗날이 옷을 신데렐라가 무도회에 가기 위해 차려 입었던 드레스만큼 아름다운 옷으로 추억할 것이다.

그리고 나는 소망한다. 혹 며느리가 너무 세련된 도회풍의 여성이 아니기를. 그래서 행여 속내로라도 '아휴, 촌스럽게 분홍색이라니. 게다가 저런 치렁치렁한 것을 언제 입히겠나. 실용적이지도 못하고. 이왕 사주시려면 그저 간편하게 티셔츠에 반바지나 사올 일이지.' 라고 생각하지 않았으면 좋겠다. 며느리도 시어머니를 닮아 겉모습은 수수해도 안으로는 화사한 감성을 조용히 간직한 여성이었으면 한다. 또한 혹시 며느리가 기꺼워하지 않더라도 그런 속마음을 그녀의 기색만으로 재빠르게 눈치 챌 만큼 그녀가 예민한 시어머니가 아니었으면 좋겠다.

졸음은 어느새 달아났다. 그런데 언제 내렸을까, 그 부인의 뒷모습도 이미 없다. 얼마 안 가 나도 버스에서 내렸다. 그렇듯 심란하던 날씨는 전혀 다르게 변해 있다. 서편하늘의 하얀 뭉게 구름이 붉은 낙조를 만나 하늘을 온통 엷은 분홍으로 물들이고 있다. 나는 날아갈 듯 마음이 가벼워졌다. 내 마음의 변덕은 저 분홍색 때문일까, 아니면 분홍빛 수줍음을 간직한 그 부인의 뒷모습 때문일까.

005

이 밝음

■ 우리 아파트는 전망이 좋다. 멀리 북한산 자락이 한 눈에 들어온다. 어쩌다 한 번씩 하늘과 구름과 바람의 의논이 잘 이뤄져 이곳에 제법 청정한 대기를 가져다 놓는 날이면, 마치 알프스의 어디쯤 와 있는 듯한 근사한 정경이 펼쳐지기도 한다. 이웃집에 온 꼬마손님이 그 같은 전경을 바라보며 자기 엄마에게 물었다고 한다. "엄마, 저거 그림이에요?" 나는 그 말을 전해 듣는 순간 "어쩜, 그 애는 시인이구나." 했다. '그림이에요?' 는 그림 같이 아름다운 경치라는 표현의 진부함을 벗어나 있으면서 그림같이 아름다운 경치임을 웅변한다.

어느 스님의 법명이 자명(慈明)이었다고 한다. 그런데 누군가가 충고를 했다. 거추장스러우니 마음은 이제 그만 내려놓는 게 좋지 않겠느냐고. 과연 마음 심(心)자를 떼어내니, 내가 보기에도 한결 산뜻해 보인다. 자명(玆明). '자비로운 밝음' 보다 '이 밝음' 이 훨씬 운치도 있고 여백도 많다. 마음을 들어 낸 자리만큼 가벼워진 덕분일 것이다. 괴테는 "왜 이리 어두워."라는 말을 마지막으로 남기고 운명하였다는데 세상을 향해 그토록 많은 말을 쏟아내었던 그도 '이 밝음' 의 경지에는 도달하지 못했나 보다.

언어는 그에 깃들인 기운에 따라 제 나름의 격조와 울림을 지니는데, 어떤 말은 그 한 마디 속에 많은 기미와 갈피를 전한다. 나는 이와 같은 미묘한 흔들림에 기쁘게 반응하며 즐거이 짐작하고 헤아린다. 때로 절제된 언어의 묘가 극치를 이루면 우리는 마침내 한껏 고양된 정신의 진수를 맛보게 된다. 이미 세상은 오래전부터 이러한 언어의 미니멀리즘에 심취하고 있는 징조를 보여 왔다.

한국의 시조와 중국의 절구 그리고 단 열 일곱 자로 이루어진 일본의 하이쿠(俳句)는 모두 언어의 압축미를 보여준다. 바쇼오(芭蕉)의 "방랑에 병들어 꿈은 마른 들판을 헤매고 돈다."를 보며 우리는 무수한 상념 속을 헤매고 돈다. 하이쿠는 서구로 건너가 모더니스트 에즈라파운드를 만났다. 그리하여 이 시 형식은 일군의 이미지즘이 풍미하던 영미의 시단에 많은 파장을 일으켰고, 그에 따른 새로운 시풍이 자리 잡도록 했다는 소식을 바람결에 들은 일이 있다.

군중 속에서 유령처럼 나타나는 이 얼굴들,
까맣게 젖은 나뭇가지 위의 꽃잎들.
The apparition of these faces in the crowd;
Petals on a wet, black bough.

단 두 줄이 시의 전문인 파운드의 〈지하철정거장에서〉는 이름 없는 군중의 얼굴을 활짝 피어난 꽃송이에 비유하여, 무리 속에 있을지라도 소중하기 그지없는 개개인의 모습을 선명하게 부각시킨다.

이즈음 컴퓨터상에서 오가는 모든 문자 행위는 간결함과 빠른 왕래를 필수요건으로 한다. 촌철살인의 절묘한 언어의 곡예가 흔하다. 이런 식에 익숙해지면 조금이라도 긴 글은 아주 구태의연하고 지루하게 여겨질 것이다. 이에 덧붙여 더욱 다양한 이모티콘(emotional icon)들이 등장하고 있다. 문자기호로 표시되는 감정표현인바, 얼굴 한 자락의 표정이 때로 백 마디의 말을 대신한다는 뜻에서 이는 어쩌면 상당히 경제적인 자기표현의 수단이 될 수도 있겠다 싶다. 인터넷 소설은 지문에 이모티콘이 마구 사용되는데, 그에 대한 찬반 여론이 네티즌들 사이에도 뜨겁다.

이러한 신 기류로 말미암아 더 이상 문학이 음미의 대상이 아니고 감각만을 중시하는 일과성의 자극제로 전락할지도 모른다는 걱정이 앞서기는 한다. 그러나 새로운 기호형식의 출현이 언어에 의한 표현방식을 좀 더 폭넓게 확대시켜줄 수도 있다는 측면에서는 보다 긍정적일 수도 있다. 뉴 에이지 이미지즘이라고나 할까.

"세상의 언어가 다 사라지고 단 두 개의 언어만 남는다면, 그것은 '사랑'과 '여행'일 것이다." 지나가다 지하철에서 본 문구다. 사랑에 대한 경구로 유명한 프랑스작가 라브리예르(Jean de La Bruyère)의 말이라는데 나는 그 말에 붙들려 잠시 그에게 동조했다. 그 말을 머리에 새기며 서 있는 짧은 동안 선재동자와 오디세우스와 카잔차키스가 차례로 내 마음속을 다녀갔다. 때로 어떤 말은 정말 많은 이야기를 들려주곤 하는 법이다.

그처럼 각자 모두 자기에게 남겨질 단어를 두 개만 골라보는 게임도 재미있을 듯하다. 세상의 모든 말을 걸러서 헹구는 효과가 있을지도 모른다. 우선 그러면 나는 무엇을 고를까? 이것은 생각보다 쉽지 않다. 몇 마디의 단어를 고르기 위해 용량 가득한 뇌의 저장고를 다시 죄다 총출동시켜야하기 때문이다. 아무래도 두 개의 단어를 추려내기에는 역부족이다.

생략과 함축에 대해 생각하고 있는 중이다. 말은 적게 하면서 의미는 많이 담는다는 것이 쉬운 일은 아니다. 그래도 그에 대하여 계속 생각해 봐야 할 것 같다. 장황하게 늘어놓다보면 오히려 핵심을 벗어나기가 쉽다. 간결한 가운데 딱 들어맞는 설명과 표현만이 말하고자 하는 바를 선명하게 드러낼 것이다.

그러한 노력에 비록 나는 못 미쳐도 누군가는 어느 곳에서 그 경지에 이르러 있을 것이다. 어느 날 그를 만나면 내 마음이 달빛처럼 부드러운 밝음으로 차오르고, 그러면 나는 그를 조용히 알아볼 것이다. 선숙

006

밑줄 긋기

■ 산을 좋아하는 한 친지를 만나 그의 근황을 들었다. "여름휴가를 맞아 설악산을 다녀왔어요. 대청봉에 올라 산 아래를 굽어보는 기분을 어떻게 표현할 수 있을까요. 산 정상에 올랐을 때의 가슴 벅찬 감동을 모르는 사람들이 불쌍하기 한량없게 생각되지 뭐예요."

동양란에 심취하고 있는 한 친구 생각이 난다. 그는 나를 만나면 곧잘 기염을 토한다.

"겨우내 기다리다 함초롬히 피어나는 동양란은 양란같이 화려하지는 않지만, 그 향기는 기가 막혀. 온 집안을 그윽한 향으로 가득 채운다니까. 그런 정취를 못 느끼고 살아가는 사람들이 딱하게 느껴진단다."

모름지기 누구나 저마다의 황홀경 한 가지씩은 가슴에 안고 살아가고 있다고 여겨진다. 어떤 서슬에 그 무엇에 이끌려 몰두하다 보면 어느덧 열락의 순간이 찾아오는 때가 있다. 낚시꾼에게는 낚시의 무아경이 있을 것이요, 서태지의 팬들에게는 공연장에서의 도취경이 있을 것이다.

물론 나에게도 내 나름의 몰두의 대상이 있다. 책을 읽을 때 마음의 현을 건드려 줄 좋은 문장을 열심히 찾아 헤매는 버릇이 그것이다. 마음에 드는 문장을 발견했을 때, 나는 기쁘기 한량없다. 골똘하게 궁리하던 난해한 문제의 해답을 일시에 찾아낸 듯 세상이 훤해진다. 그래도 나는 이렇게 말하지는 않는다. '이런 책 읽기의 묘미를 모르고 살아가는 사람들이 불쌍해.' 라고.

산을 즐기는 사람, 난을 사랑하는 이의 정성 못지않은 집착이 나의 문장순례에도 분명히 있다는 생각이다. 한 권의 책을 읽어내는 데 너무 많은 시간을 바치기 때문이다. 좋은 표현과 맞닥뜨리게 되면 나는 밑줄을 치지 않고는 못 배긴다. 그래서 줄을 쳐야 할 부분에 마침 필기도구를 들고 있지 않을 때면, 글 읽기가 앞으로 나아가지를 않는다. 이런 습관 탓에 같은 책을 꼭 두 번

이상 읽어야 직성이 풀리는 버릇도 들었으니 이도 여간 미련한 노릇이 아니다. 처음 책을 손에 잡으면 우선은 대충대충 빠르게 읽어 나간다. 그런데 그 책에 이거다 싶은 표현이 있거나 문장이 심상치 않다 싶으면 다시 읽는다. 그럴 때는 본격적으로 밑줄을 그으면서 읽어 나간다. 밑줄을 긋는 것으로 직성이 풀리지 않으면 아예 공책에다가 옮겨 적기를 한다. 신문 스크랩하는 것하며 일기를 쓰는 일도 모두 밑줄 긋기의 연장선상에서 이루어진 습관이라 할 수 있다.

이런 글 저런 문장을 기웃거리며 배회하다보면 특별히 관심을 기울이게 되는 주제가 생겨나곤 한다. 예컨대 한 동안은 '시간이란 과연 무엇일까.' 하는 궁금증에 늘상 시간에 대한 언급을 찾아 다녔다. 우리의 일회적인 삶에 주어진 이토록 한정된 시간을 두고 이 파악하기 힘든 정체에 대해 책 속에서 답을 찾아보았다.

아무리 생각을 더듬어도 좀체 해결되지 않는 또 하나의 화두는 '언어란 무엇일까.' 라는 것이었다. 언어와 의식, 언어의 추상성과 사변성, 언어와 문학 등등에 관심을 갖고 방황하다보니 자연 그것에 대한 수사가 나의 공책에 가지런히 쌓여갔다. 그 와중에 길어 올린 아름다운 구절들은 이제 나에게 빛나는 보석이 되었거니와 그중에서도 가장 마음에 드는 것은 박경리의 탄식이다.

"진실이 머문 강물 저 켠을 향해 한 치도 헤어 날 수 없는 허수아비의 언어, 그럼에도 언어에 사로 잡혀 빠져 날 수 없는 것은 그것만이 강을 건널 가능성을 지닌 유일한 것이기 때문이다."

내게 이러한 구절들이 남겨진 것은 물론 책을 읽으면서 밑줄을 긋는 습관 덕분이다. 그런데 실상 정말로 좋은 책은 어디서 어디까지 줄을 그어야 될지 모를 지경으로 처음부터 끝까지 내 마음을 사로잡는다. 어린 왕자의 어느 부분을 빼고 줄을 칠 수 있으랴.

무라카미 하루키는 상실의 시대에서 주인공의 입을 통해 스코트 피츠제랄드의 그레이트 개츠비를 최고의 소설로 꼽았다. "어느 때, 어느 페이지를 펼쳐도 실망하지 않는다. 한 페이지도 시시한 곳이 없다."라고 했다. 하루키에게 개츠비가 있다면 나에게는 막스 뮐러의 독일인의 사랑이 있다. 어린 시절부터 이 소설은 내게 시들지 않는 꿈으로 다가와 언제나 사랑과 동경을 이야기한다.

남들이 써 놓은 글에 밑줄을 그으며 생각을 가다듬다보면 그

것이 바로 내 인생의 밑줄 긋기로 이어질 것 같다. 내게 가장 소중한 것, 가장 오래도록 지니게 될 그 무엇을 찾아 헤매는 긴 여정 속에서 나는 오늘도 서성인다. 인생의 탐색지도를 작성하려는 몽당연필을 들고서.

007

나에게 사치는

■ 동란 중에 소설가 박경리도 굶주림을 겪었다고 했다. 그런데 그는 도저히 잊을 수 없을 것 같던 처참한 기아의 체험은 세월가면서 기억으로는 남아도 그로 인한 마음의 상처는 많이 지워졌다는 것이다. 그렇지만 인격적인 모욕을 당하고 몹시 자존심이 상했던 경우의 일은 잊고 싶어도 오래도록 뇌리에서 떠나지 않고 생생하게 분노의 감정으로 되살아난다고 말했다.

결혼했을 때, 나는 남편에게 선언했다. 그럭저럭 살기야 하겠지만, 그리 크게 부자가 될 가능성도 없고, 부자가 되고 싶은 생각도 별로 없던 그를 안심시켰다. 조건을 하나 달아서.

"당신이 벌어다주는 규모 안에서 많네, 적네 하지 않고 얼마든지 살림을 잘 꾸려 나갈 자신이 있다. 그러나 만약 자존심을 다치게 한다면, 나는 그것은 참아내지 않을 것이다."

자존심이 어떤 경우에 다칠 것인가에 대해 구체적으로 말이 오고가지는 않았다. 그런 중에 이모저모로 아직까지는 다행히 그는 나의 부탁을 그런대로 잘 지켜주고 있다.

어느 날 사업가로 변신한 한 중견 탤런트가 신문인터뷰에서 이렇게 말했다.

"평생 연기자로서 오기와 자존심을 지켜왔는데, 사업 시작한 뒤론 자존심이고 뭐고 다 버렸다. 사업하는 분들은 아시겠지만, 30명이나 되는 식구들과 함께 먹고 살려고 발버둥치다보면 그런 감정은 사치다."

순간, 자존심을 버려 더 큰 인간을 찾은 그의 모습이 선명하게 부각되었다.

자존심을 앞세우는 것이 사치라고 했다.

얼마 전, 친지 한 분이 틈틈이 쓴 시 몇 편을 정성스럽게 꾸며서 나에게 주었다. 그녀는 '시와 다시 만나게 된 사연'이라는 시에서, 몸은 돌아가는 세탁기처럼 바쁜데 마음은 빈 테이블처럼 허전했지만, 한동안 잊고 살았던 시를 다시 쓰게 되고 난 후, 쓰지 않는 식기처럼 쓸쓸하던 마음에 따뜻한 차 한 잔의 온기가 감돌고, 정리 안 된 서랍 속처럼 산란하던 마음이 조금씩 제자리를 잡으며 편안해졌다고 했다.

나를 붙드는 대목은 "보석보다 명품보다 사치스러워 잊고 살았던 시"라는 표현이다. 시란 아무나 쉽게 쓸 수 있는 것이 아니라는, 그래서 어설프게 덤벼드는 것을 그 무엇보다 심한 허영기로 생각하는 겸허한 자세 앞에 나도 덩달아 숙연해 졌다.

글을 쓰는 일이 사치라고 했다.

자존심이 사치고 글도 사치라면, 나는 엄청나게 사치스러운 생활을 하고 있는 셈이다. 유치한 아집과 오기, 어설픈 우월감과 구차한 열등의식을 버무려서 자신에 대한 존엄성이라고 우기는 치기. 치열한 문학적 성찰도 없이 글을 쓴다고 덤비는 모습, 그것은 당연히 사치스럽다고 해야 할 것이다. 그렇다면 자존심을 버려 겸양을 얻고, 어줍지 않은 글줄을 포기하여 집착에서 벗어난 달관을 얻는다면, 그때 비로소 검소함과 소쇄(瀟灑)함이 찾아질 것인가.

아니, 나는 그냥 이대로의 생활을 반성하지 않겠다. 편협한 마음가짐으로 주변을 포용하지 못 할 때면 자신에 대해 정나미가 떨어질 때가 있기도 하다. 또한 글을 쓴답시고, 살아가는 일들에 대해 중언부언하다보면 가끔 뒤통수가 따갑기도 하다. 그러나 달리 어쩌겠는가. 자기에게 없는 것을 취하려하는 것도 결국은 과욕일진대, 이왕 내친걸음이니 그저 이렇게 가는 수밖에.

나의 사치스러운 그러나 소중한 일상, 이 하루하루를 버리고 내가 이제 다시 무엇을 얻으리.

서숙

그가 명작을 못 쓰는 이유

■ 신간은 쏟아져 나오는데 정작 책은 팔리지 않는다고 한다. 예전에 100만부였던 베스트셀러의 기준을 지금은 30만부 정도로 대폭 하향 조정했다는 말도 들린다. 사람들이 책을 사보지 않는 데는 여러 이유가 있겠지만, 이제 활자매체가 영화나 텔레비전 등의 영상매체와 인터넷 등 사이버 문화의 도래에 더 이상 맥을 못 쓰게 된 것이 가장 큰 원인이라는 중론이다.

종이문학은 오로지 언어의 나열에만 의존하므로 온갖 시청각적인 이미지가 현란하게 범람하는 영상매체에 아예 적수가 되지 못한다. 또한 지금은 컴퓨터의 스크린을 통하여 비록 익명으로나마 참여의 길이 열려있는, 각자의 의견표출이 뜸들일 새 없이 속전속결로 이루어지는 스피드시대다. 그를 바탕으로 하는 사이버문학과 달리 책으로 된 문학은 작가와 독자 상호간의 대화가 원활하지 않은 일방적 단선구도일 뿐만 아니라, 만만치 않은 시간과 집중력을 요하는 독서행위가 전제되어야한다. 시류가 이렇다 보니 종이문학에 군중은 관심과 시간을 할애할 의사가 별로 없고, 독자 잃은 문학은 홀로 망연자실하다.

그럼에도 불구하고, 문학 애호가인 문촌(文村) 선생은 산문의 힘을 굳게 믿어 의심치 않았다. 같은 시간대를 지향하는 즉흥의 문화가 가지는 일과성이라는 한계도 분명하려니와 문학이라는 언어예술에의 향수는 인류의 유전자에 깊이 각인되어있는 본향이라는 생각 때문이었다. 다만 작금의 문학 침체에 대해서는, 기성문인들이나 출판 종사자들이 변화하는 현실을 도외시하여 현재 진행형의 문화 제반의 흐름에 몰이해와 외면으로 일관하는 까닭에, 참신한 면모를 보여주기는커녕 구태의연한 답습에 머물러 있는 것에서 그 원인을 찾았다.

시공을 초월하여 인류 보편의 심성과 정서에 다가가는 내용에 시대의 흐름에 호흡을 같이 하는 문장이 어우러진다면 독자들이 외면하지 않으리라. 무한한 선험적 상상력에 치밀한 구성과 정제된 지성, 또는 오감에 호소하는 서정을 보태어 현대인의 기호에 정곡을 찔러준다면 대중은 언제라도 열렬한 독자로 변신할 준비가 되어있으리라는 예측은 그의 굳건한 바람과 믿음이었다. 쓰자고 덤비면 못해낼 것도 없다. 당대에는 베스트셀러로 낙양의 지가를 올리고 세월이 흘러감에 따라 시대를 넘어 살아남는 고전으로 자리 매김될 불후의 명작은 탄생하기에 그리 어렵지 않아 보였다. 그가 지닌 과도한 낙천적 기질은 이쯤에 이르러 어김없이 발휘되어 바야흐로 과대망상의 기미가 농후하였다.

그러나 행하기보다 말은 얼마나 쉬운가. 오래지 않아 그도 그 사실을 통감하였다. 사람들이 깊이 심취하고 경도되어 진한 감동으로 평생 가슴속에 간직할 작품, 무수히 많은 문인과 예술가가 인용함으로써 거듭 되새겨 줄 문장의 출현을 위하여 그는 각고의 노력으로 심혈을 기울여 온바, 그렇게 시도한 작품들은 하나같이 공교롭게도 기왕의 작품들의 모방에 불과하게 되곤 하는 것이었다. 가령 동심 속에서 싹 튼 앳된 연정을 말하려고 했더니 자꾸만 황순원의 〈소나기〉나 알퐁스 도데의 〈별〉과 비슷해지는 것이었다. 인간 존재의 심연을 논구할 때 철학이나 종교가 지니는 한계를 넘어 설 구원자는 문학 밖에 없을 것이었다. 그렇다고 한들 도스토예프스키의 우울한 천착과 토마스 만의 꼼꼼한 성찰을 능가할 작품을 완성하기는 도저히 불가능해 보였다.

방향을 바꾸어도 결과는 언제나 마찬가지였다. 이런저런 글감을 아무리 모색하여도 모든 영역에 전인미답의 신천지는 전혀 남아있지 않았다. 문학의 역사는 너무 길었고, 그 역사를 살다 간 천재적 문장가들 또한 너무 많았다. 문학의 모든 영역에 모든 유형은 거의 다 이루어져 있었으니, 사유의 세계에서도 서정의 세계에서도 산문문학은 이제 만원이라는 때늦은 각성으로 문촌 선생은 낙심천만의 심정이 되었다. 자신도 일찍 태어났더라면 셰익스피어도 몽테뉴도 박지원도 호적도 될 수 있었을지 모른다.

그러니 그가 명작을 못 쓰는 이유는 재능이 없어서도 열의가 모자라서도 아니고 단지 세상에 너무 늦게 태어난 때문이었다. 이제는 아무리 글을 잘 써도 기껏해야 기존 작품들의 사족이나 아류밖에는 될 것이 없어 보였다. 한숨이 절로 나왔다. 그러다 보니 자신의 문학을 향한 열정 자체에 깊은 회의가 스며들었다. 직접 글을 써보겠다고 덤비지 않았더라면 훨씬 행복하였을 것이라는 또 다른 회환이 밀려왔다. 그렇듯 많은 불후의 명작들에 둘러싸여 그 뛰어난 작품들을 음미하며 살고 있다는 것만으로도 마냥 흡족해 마지않았던 그가 아니었던가.

그러한 낭패감에 빠져있는 중에도 창작에의 욕구를 아예 접을 수는 없었다. 이 끈질긴 미련의 정체를 암중모색한 끝에 그는 체념어린 결론에 도달했다. 문학에의 열정이란 다만 생각하고 느끼고 그것을 언어로 표현하고 싶어 하는 자기 마음의 소산일 뿐이니 세상의 명리에 마음을 두지 말 일이다. 드디어 그가 불후의 명작 콤플렉스에서 벗어나는 순간이었다. 읽히지도 않는 글을 무엇 때문에 쓰면서 아까운 펄프를 낭비하느냐는 주변의 질책성 어린 의구심 앞에서도 이제는 약간 기를 펼 수 있게 되었다.

그렇다면 정녕 문학은 이제 기존의 것만으로 충분한가? 지칠 줄 모르는 낭만적 몽상가인 문촌 선생에게 그것은 심각한 화두였다. 그의 평소의 성향으로는 어떤 사안에 대하여 비관적 전망을 내놓는 일은 견딜 수 없는 일인 것이다. 고착되어 화석화된다면 산문문학은 과거사로 남겨지거나 영화나 드라마 등을 위한 주변역할에 머무르고 말지도 모른다는 걱정으로 고심하던 중에, 그는 뜻밖에 문학이 아닌 음악의 역사에서 일말의 심적 돌파구를 마련할 수 있었다.

드뷔시가 음에 대한 새로운 시도로 〈목신의 오후〉등 일련의 작품들을 세상에 선보였을 때 파리의 음악계는 일제히 그의 음악은 단지 불협화음을 이어놓은 소음일 뿐이라고 비난했다. 이에 대한 그의 반론은 단호하고도 당당했다.

"아름다운 음악이라면 이 세상은 모차르트의 것만으로도 넘쳐난다. 고운 선율은 이미 너무 많다."

어느 예술 분야에서건 당대의 대담한 시도는 후세에는 고전으로 남는다. 혹평에 시달렸던 드뷔시의 음악은 오늘에는 인상파를 대표하는 고전의 반열에 당당히 편입되었다.

"위대한 음악가는 한 민족에 한 명 나오기 힘들어요. 핀란드에서는 시벨리우스 한 사람 간신히 나왔고, 노르웨이에도 그리그 말고는 없고, 체코에 스메타나와 드보르작 정도 있지요. 우리나라에서는 유일하게 김순남이 세계적이라 할 역량이 있었는데 시대가 그를 키우지 못했어요."

비디오 아티스트 백남준의 해석이었다. 한 재능 있는 인간이 문화유산을 남기게 하려면 그가 속한 시대도 그에게 협조를 잘해야 한다. 김순남은 불운했다.

문학의 세계도 이와 같다. 한 민족, 한 시대에 손꼽을 수 있는 문장가란 겨우 한두 명 나올까 말까이다. 명작의 탄생이 그렇게 멀고 아득한 일이긴 해도, 열린 시대정신과 발군의 개인이 만나

문학이 오늘날의 위기를 극복하고 재기에 성공할 수 있으리라는 기대는 문촌 선생에게 확실히 희망적인 메시지였다. 그는 이제 자포자기의 심정에서 벗어나 끈기 있게 누군가의 도전을 기다리기로 마음먹는다. 그러는 가운데 문촌 선생 자신이야말로 어느 날 불현듯 불꽃 같은 영감에 휩싸여 불멸의 작품을 잉태하게 될지도 모른다.

009

비계, 마중물, 바닥집 考

■ 비계(飛階)

어린 시절, 친구들과 걷다가 계단만 나타나면 지천이던 아카시아 잎을 꺾어 들었다. 그리곤 가위바위보로 이긴 사람이 이파리 한 개씩 뜯으며 층층대 먼저 오르는 시합을 벌였다. 하늘에 맞닿은 계단 꼭대기에 걸린 흰 구름을 바라보며, 나는 동화책 속의 흑백 삽화에 마음을 실었다. 그림 속의 나선형 계단은 끝없이 이어져서 하늘의 구름을 뚫고 저 멀리 아득했다.

축대 높은 친구네 이층집에는 벽감처럼 생긴 창문이 있었다. 나는 거기 걸터앉아서 창 밖의 나무 많은 정원을 느긋하게 내려다보는 것이 좋았다. 또한 층계참의 꺾어지는 모퉁이를 돌 때면, 이다음에는 나도 층계참에 창문이 달린 집에서 살아야지 생각했다.

이러한 건물 안팎의 층계 외에 유독 그 시절 눈에 많이 띄었던 것은 새로 건물을 세우거나 낡은 건물을 수리할 때 임시층계 역할을 하는 비계였다. 건물 외벽에 가로세로 얼기설기 각목을 엮은 후에 구멍 숭숭 뚫린 철판이나 못질이 사나운 널빤지를 비스듬히 고정시키면 위아래의 이동통로가 만들어졌다. 지게 진 일꾼들은 부지런히 이 경사면을 오르내리며 시멘트와 모래, 벽돌과 타일 등속을 날랐다. 어느덧 공사가 마무리되면 비계는 철거되고 번듯한 건물의 외관이 드러났다.

내 존재의 집도 보완과 수리가 필요할 때가 있다. 이럴 때 나의 내면을 가꿔줄 새로운 재료를 운반해 들이려면 비계를 세워야 한다. 무료(無聊)와 타성(惰性)으로부터 탈피하여 한 발짝을 내딛기 위해서는 설치와 해체가 자유자재인 비계가 안성맞춤이다. 마음 안팎으로 이 가설물을 지었다 허물었다 하며 틈틈이 새 세상을 맞아들이다보면 시야도 확장되고, 한 단계 성숙할 수 있는 계기도 마련할 수 있고, 나아가 성큼 새로운 도약을 이룰 수도 있을 것이다.

나는 이때 “창을 사랑하는 것은, 태양을 사랑한다는 말보다 눈부시지 않아 좋다.”라고 노래한 시인의 마음이 되어, 날개달기를 소원하지 않고 겸손하게 비스듬한 철판이 놓인 비계를 원한다. 차마 날기를 바라지는 못해도 삐걱대는 철판을 딛고서라도 조금이나마 진일보를 이루고자.

마중물

60년대에는 서울에서도 많은 집들이 수돗물 대신 우물물을 길어 썼다. 우리 집은 그 동네에서는 한발 먼저 우물에 파이프를 박아 펌프를 세웠다. 두레박과 우물덮개가 사라지고 좁은 마당이 약간 넓어졌다.

세상을 다 녹여버릴 것처럼 뜨거운 늦여름의 하오. 마당의 펌프가 오도카니 녹슨 고철더미처럼 물기를 말렸다. 시멘트로 뒤덮인 손바닥 만한 마당의 후끈한 열기도 식힐 겸, 장독대 곁의 축 늘어진 등나무넝쿨 밑동에도 끼얹을 겸, 나는 물을 퍼 올리기 위해 펌프로 다가갔다. 펌프의 긴 손잡이를 올렸다 내리는데 피스톤이 헐겁게 덜커덩거렸다. 나는 그제야 ‘아, 참. 물을 부어야지.’ 하며 한 바가지의 마중물을 재빨리 붓는 동시에 손잡이를 당겨 올렸다. 물을 머금은 실린더가 비로소 힘 받는 것이 손끝에 느껴졌다. 힘껏 손잡이를 내리니 펌프는 시원스레 물을 쏟아내었다. 흰 포말이 눈앞 가득 은빛으로 부서졌다. 대청에서 뒹굴던 동생도 덩달아 달려와 물을 길어 올렸다. 물통에 콸콸 넘치는 물을 마당 곳곳에 흩뿌렸다. 나른하던 대기는 우리들의 웃음소리에 정적을 물리치고, 구석의 가냘픈 포도나무 잎사귀에도 일순 생기가 돌았다.

펌프 아래 깊은 물이 아무리 맑고 시원한들 한 바가지의 마중물이 없으면 퍼 올릴 수가 없다. 고인 물을 퍼내야 새 물이 채워진다. 퍼내서 쓰지 않으면 지하의 샘물은 시나브로 잦아들고 만다. 차곡차곡 내 안에 쟁여져서 알게 모르게 나를 이루던 것들이 내가 미처 돌보지 못하는 사이에 그만 영영 스러져 간 것도 많을 것이다. 먼지를 뒤집어쓴 채 제 모습을 잃어버린 지난 시긴의 편린들에 생기와 활력을 선사하여 각성제가 되는 모든 것 – 마음에 잔잔한 파문이 일게 하는 것, 환한 기쁨을 주는 것, 정신이 번쩍 들게 하는 것들이 나의 마중물이다. 이들 속에서 잠자던 나의 감성이 기지개를 켜고 청정한 대기를 심호흡하며, 작은 깨달음이 긍정의 미소로 내 삶에 켜를 이루도록 도와준다.

오늘은 누가, 무엇이, 나의 머리와 가슴에 신선한 자극을 선사할 마중물이 되어 나를 흔들어 깨울 것인가.

바닥짐

밑창이 뾰족한 배의 전복을 피하기 위해 무게중심을 잡으려고 배 밑에 싣는 모래주머니나 물, 돌, 자갈 등을 바닥짐이라고 한다. 짐은 짐이되 어떤 쓸모나 부담을 의미하는 다른 짐들과 달리 '나, 돌이요.', '나, 자갈이요.' 하면서 그 자체의 본성으로 자기 존재가치를 주장하지 않는다.

여행을 위해 이것저것 필요한 물품을 꾸릴 때였다. 소용에 닿는 것들을 무심히 뒤섞어 가방에 넣고 나니 물건마다 무게와 모양이 제각각이라, 가방이 모양새도 찌그러지고 제대로 서있지도 못했다. 되도록 무거운 것을 밑으로 보내야겠다고 여기며 짐을 다시 싸면서 이번에는 두툼한 미술화보 책을 맨 밑에 깔았다. 그제야 중심이 잡혔다. 긴 비행시간을 유용하게 보내려고 준비한 책이 바닥짐 구실을 톡톡히 한 셈이다.

그러고 보니 책의 본래 효용도 바닥짐 구실에 있다. 우리 정신세계의 바닥짐. 책에서 얻은 영양소를 포함하여, 우리 삶의 바탕과 지향을 위한 기본소양이나 방향타를 결정짓는 것들로 내면의 바닥짐이 든든하다면, 비록 우리가 세파에 휘둘리어도 자기 본연의 모습으로 의연할 수가 있을 것이다.

한데, 이도 그 자리 매김을 제대로 해야 한다. 가령 내 안의 사단칠정(四端七情)이 요동칠 때 균형감각을 위한 모래주머니가 필요하다. 그런데 내려놓을 자리를 못 짚어 엉거주춤 부둥켜안고 있다간, 그 모래주머니는 바닥짐은커녕 오히려 쓸데없이 무겁기만 한 애물단지가 될 수도 있다. 강을 건넜으면 뗏목을 버려야 하듯이 머리로 얻은 것이나 경험으로 축적한 것에 스스로를 가두지 말 것이요, 나만의 확고한 세계를 정립했다고 자신하여도 그 도그마가 오히려 덫이 되는 일은 없도록 해야 한다. 배의 바닥짐이 자신을 내세우지 않는 것처럼 내 인생의 바닥짐도 나를 이루되 나를 드러내지 않고 면밀히, 그러나 조용히 안으로 챙기는 것이 좋다.

흔들리지 않게, 쓰러지지 않게, 가라앉지 않게 중심을 잡아줄 내 안의 바닥짐. 너무 무거우면 덜어내고 너무 가벼우면 채워놓고.

저기 바닥짐 덕분에 쓰러지지 않는 오뚝이가 있다.

考

언어의 흥망성쇠를 본다. 사물만 유전하는 것이 아니라 언어도 그렇다. 이제는 새로운 건축공법의 등장으로 구닥다리 비계는 점점 눈에 띄지 않고, 펌프가 사라지니 마중물이라는 말도 낯설고, 조선업의 발달로 배의 바닥짐도 따로 필요 없다. 비계(scaffold)와 마중물(priming)과 바닥짐(ballast)은 모두 문명의 이기를 따라 신조어로 들어와서 한때는 번성을 누리다가, 세상의 바뀌는 모습 따라 덩달아 쇠퇴하는 말들이다. 세상에서 사라져가는 낱말들이라는 생각에 나의 마음이 연연하여 그 말들 끝에 내 마음을 매달아 본다.

낯선 세계를 어깨에 메고 성큼성큼 비계를 오르며 늘 마중물을 반갑게 받아들여 내 안의 재고(在庫)를 점검하고 깊이 들여다보고 새롭게 느끼며 그중에 더러는 삶의 든든한 지평으로 바닥짐을 삼는다면, 심오하면서도 명랑하고 굳건하면서도 발랄한 멋진 생활의 축이 만들어지지 않을까 생각한다. 선숙

010

幻, 무채색에 가까운

■ 시든 꽃이 화병에서 졸고 있다. 아무렇게나 펼쳐진 식탁보 위에는 몇 가지의 소품이 더 놓여있다. 이것들은 둥근 모습이거나 각이 진 모습을 흐릿한 윤곽선으로, 어렴풋이 드러낼 뿐 색상도 형태도 분명하지 않다. 파스텔 톤의 색조 위에 마른 모래를 끼얹은 듯하여 화폭의 색조는 무채색에 가깝다. 희미하긴 하지만 어둡지는 않고, 오히려 밝은 빛 아래서 선이 번진 효과를 보여준다. 그런데 문득 마주친 저 정물화 한 폭이, 나의 시선을 붙들고 놓아주지 않는다.

모든 것이 분명하지 않아서 안타까운 시절이 있었다. 선명하게 보이지도 않았고 또렷하게 들리지도 않았다. 잘 보고 잘 들어서 어쩌겠다는 생각도 없이, 늘 나는 한 겹 드리워진 반투명의 막을 걷어내고 싶었다. 이 정물화 속에서, 나는 한동안 잊었던 몽롱했던 나의 유년 시절을 다시 만났다. 물론 그동안이라고 해서 갑자기 세상이 잘 보이게 된 것은 결코 아니었다. 그저 들여다보는 것을 적당히 잊고 있을 뿐이다. 다만 천재를 부러워한 적은 있었다. 그들에게는 세상이 좀 더 선명한 모습으로 다가올 것이라고 추측했으므로.

한글을 깨우치기 전, 라디오에서 말소리가 흘러나올 때 '파' 소리가 '타' 로도 들리고 '카' 로도 들렸다. 그런데 어쩌면 사람들은 그렇게도 분명하게 잘 알아듣던지 그게 참 신기하였다. 가만히 살펴보니 글자를 알면 그 문제가 해결될 것도 같았다. 나 혼자 서둘러 신문 쪽지와 거리의 간판 등을 독본으로 이 사람 저 사람에게 물어가며 한글을 깨우쳤다. 그러고 나니까, 그래서 나름의 어문일치를 이루니까 혼자서 혼돈의 와중을 헤쳐 나온 것 같아서 기뻤다.

그즈음 누군가에게 이끌려 교회에 갔다. 풍금소리가 울려 퍼지면 아이들은 일제히 강단의 왼쪽 코너를 응시하며 노래를 잘도 따라 불렀다. 거기에 찬송가 가사가 적힌 궤도가 걸려 있다는 것을 안 것은 아주 나중 일이었고, 그 당시에는 그저 나는 참 멍청한 아이인가 보다 하고 참을성 있게 앉아 있었다. 어른들은 이 아이는 이해력이 매우 떨어지는 아이로구나 하고 잔인하게 관대했다. 몇 년 후 안경이 생기기까지 그 모양이었다.

가장 마음이 편한 일은 책 속으로 도피하는 것이었다. 사람들과의 관계 등 외향에 서툴렀으므로, 자연히 내성 쪽으로 기울었을 것이다. 그런데 거기에서도 매양 마음이 편했던 건 아니었다. 편협한 상상력 때문에 무수히 많은 은유의 숲을 헤쳐 나갈 수가 없었다. "내 마음은 호수."라든가 "꽃이 웃는다."는 표현 앞에서 나는 속수무책이었다. 꽃이 어떻게 웃을 수가 있을까, 도무지 알 수가 없었다. 그런데 알고 보니 책 속뿐만 아니라, 바깥세상도 온통 내가 이해할 수 없는 은유로 가득 차 있었다.

확실하게 이해되는 것이 별로 없던 유년시절에 대한 기억은, 자연 삭막할 수밖에 없다. 어린시절을 회상하며, 혹자는 아련한 그리움과 추억을 누구는 상실감과 고독을 어떤 이는 잔잔한 서정과 애수를 얘기한다. 나는 그저 몽롱할 뿐 애틋한 그 무엇이 없다. 살면서 내내 그리워 할 그 무엇을 가슴에 담아두지 못하는 이 영혼의 삭막함도, 그런 내 마음의 혼돈상태의 한 편린일 것이다.

이십대 중반을 무덤덤하게 지나칠 즈음이었다. 아주 길고 긴 여러 개의 다리들을 차를 타고 건너고 또 건너고 할 때가 있었다. 시야를 차단하다시피 하는 짙은 안개 속에서 너울거리며 나지막이 날고 있는 갈매기 떼는, 흐린 물결을 배경으로 더할 나위 없는 잿빛의 환영을 연출하고 있었다. 그러한 몽환의 세계는 가벼운 불안감을 동반하며 상당히 매혹적이었으므로 나는 이 다리가 한없이 끝없이 계속되는 것은 아닌가, 이대로 그냥 여기 이렇게 떠있는 듯 머물러 있는 듯 이어져도 좋을 것 같이 느꼈다. 그 날의 안개 낀 다리 풍경은 부옇게 번진 채 나아가지 못하고 고여 있던 가로등 불빛과 함께 늘 내 마음 한 구석에 머물러 있다.

여행길에 물의 도시 베네치아의 산마르코 광장에 섰을 때였다. 바다 건너 멀리 바라보이는 산타마리아 델라 살루테 성당의 모습은 해질녘의 옅은 안개에 둘러싸여 그지없이 아름다웠다. 아슴푸레한 모습의 성당 건물은 마치 물에 잠긴 채 떠있는 것 같았다. 잔잔한 파도가 밀려 간 자리를 밟고 서서 환상적인 분위기에 취해있으면서도, 마음 한켠이 몹시 부산스러웠다. 어디선가 꼭 본 경치인데 막연했다.

아, 저 경치를 나는 어디에서 보았던 것일까. 생각날 듯 날 듯 하면서 좀체 잡히지는 않았다. 영화 속 한 장면이었는지 그림으로 본 것이었는지, 꿈의 잔상처럼 떠오를 듯 떠오를 듯 자맥질

하며 가라앉아 버렸다. 어쩌면 저 경치는 평생 내가 느끼며 살아야했던, 그 끈질긴 모호함의 구현이 아니었을까. 내 마음의 안개 낀 경치에 너무 익숙해져 있어서 비롯되는 기시감(旣視感, deja vu)이겠거니 체념하기까지 그곳에 오랫동안 서 있었다.

옅은 핑크를 주조로 하여 은은한 회색이 잔잔하게 바탕을 이루는 마리 로랑상의 소녀상을 비롯한 인물화들을 나는 무척 좋아한다. 그녀는 지독한 근시였기 때문에 피카소 등의 큐비즘의 세계에 동참할 수 없었다. 사물을 뚫어지게 관찰 분석하여 무수한 면 분할로 그 극단을 추구해야 하는 큐비스트들의 작업은, 그녀에겐 난공불락이었을 것이다. 그녀는 큐비즘을 버렸을 뿐만 아니라 더 나아가 윤곽선을 분석하기는커녕 오히려 무시하는 자신만의 독창적 분위기를 창조하였다. 그리하여 그림 속 부드러운 여인들의 시선에는 무한한 그리움이 담겨 있다. 나는 그녀가 저런 그림을 그린 것이 그녀의 근시 덕분이라는 것을 알기 전부터, 그 그림들을 좋아했다. 그렇다면 혹시 나는 원래부터 이러한 몽환적 분위기의 모호함을 즐기는 지도 모르겠다.

일전에 맞닥뜨린 "설명할 수 없는 것이 있다는 건 참으로 희망 아닌가."라는 시구가 참 반가웠다. 예전에는 "내가 모르는 것을 깨달아 가는 마음이 왜 이처럼 가벼운가."라는 글귀를 쳐다보며 그러한 완벽함과 철저함을 지향하는 경지를 동경한다고 여겼으니, 이 이율배반은 또 어찌하랴. 세상이 끝내 나에게 이렇듯 흐린 윤곽밖에는 보여주지 않을 작정일지라도 그다지 애석해 할 일은 아닐 것이라는 내 마음에 바치는 위로일까.

지금은 꽃이 웃나 보다, 열매를 맺기 위해 아파하나 보다, 흐느끼나 보다, 남들 하는 것처럼 제법 흉내도 내며 살아간다. 흉내는 흉내대로 모르는 것은 모르는 대로, 세상이 내게 인색한 것인지 내가 세상에 대해 인색한 것인지, 아무튼 알 수 없다는 것에 머물러 있으면서 한편, "해명할 수 없는 것만이 우리를 매료시킨다."라는 말을 나에게 선사한다.

석숙

서 숙(徐淑)

서울에서 성장하였으며 지금은 경기도 고양시에서 살고있다.
《계간수필》로 등단하였다.

E-mail sooksuh@hanmail.net